Kritik des Gothaer Programms

哥达纲领批判

（德）卡尔·马克思 ◎ 著

何思敬 徐冰◎ 译

中央编译出版社

CCTP Central Compilation & Translation Press

图书在版编目（CIP）数据

哥达纲领批判 /（德）卡尔·马克思著；何思敬，徐冰译 . —北京：中央编译出版社，2024.6

ISBN 978-7-5117-4688-7

Ⅰ. ①哥… Ⅱ. ①卡… ②何… ③徐… Ⅲ. ①哥达纲领批判 Ⅳ. ① A124

中国国家版本馆 CIP 数据核字（2024）第 050870 号

哥达纲领批判

出版统筹 张远航
责任编辑 何 蕾
责任印制 李 颖
出版发行 中央编译出版社
网　　址 www.cctpcm.com
地　　址 北京市海淀区北四环西路69号（100080）
电　　话 （010）55627391（总编室）　（010）55627116（编辑室）
（010）55627320（发行部）　（010）55627377（新技术部）
经　　销 全国新华书店
印　　刷 北京印刷集团有限责任公司
开　　本 710毫米 × 1000毫米 1/16
字　　数 208千字
印　　张 16.25
版　　次 2024年6月第1版
印　　次 2024年6月第1次印刷
定　　价 88.00元

新浪微博：@中央编译出版社　**微　　信：**中央编译出版社（ID：cctphome）
淘宝店铺：中央编译出版社直销店（http://shop108367160.taobao.com）（010）55627331

出版前言

晚清民国时期，中国遭受前所未有的劫难，同时也是思想活跃、文化激荡的时期。在西方学术思想向中国传播过程中，中国人逐渐接受了西方哲学、西方政治学、西方经济学、西方心理学、西方伦理学，等等。通过翻译、学习、运用西方的学术思想，产生了一批贯通中西的本土学者，他们成为各学术领域的中流砥柱。一批先进的中国知识分子，还把发源于西方的马克思主义作为自己的理想信念，带领中国人民进行了翻天覆地的社会改造。由中央编译出版社发起整理的“回眸经典”，即晚清民国时期中国学者著述、翻译、编写的经典学术著作，包括马克思主义、哲学、政治学、经济学、心理学等多个领域。这些经典学术著作联系中国学术的过往，见证了中国学人披荆斩棘的拓进历程，记录了近代中国的沧桑巨变。我们整理、编辑这套丛书，既是向前辈学人在探索道路上的筚路蓝缕致敬，也是为当代学者了解中国近代学术思想的演进过程，提供比较完整的文献资料。

马克思主义文献是在西学东渐的大潮中传入中国的。十九世纪末二十世纪初，一批先进的中国知识分子在学习西方思想文化的同时，开始关注流行于欧美、日本的社会主义思想和马克思主义学说，并将它们译介到中国。一八九九年，马克思的名字第一次出现在中文书刊上。此后，资产阶级维新派人士、留日的知识分子、追随孙中山从事革命活动的资产阶级革命派，通过著述、译著大量介绍马克思学说。十月革命后，经过五四运动的洗礼，一批先进的中国知识分子在风云激荡的历史风潮中，坚定地选择了马克思主义作为自己信仰。马克思学说在中国的出现，并非偶然，是先进的中国人探索救国救民道路的必然结果。马克思学说的传入，经历了从浅入深、从片段式介绍到完整内容译介的过程。先进的中国人对马克思主义的认识不断深入，并逐渐将这些先进的理论运用到研究、解决中国社会现实问题中。

《哥达纲领批判》是科学社会主义的重要文献。一八七五年二月，奥古斯特·倍倍尔、威廉·白拉克、威廉·李卜克内西等创立的德国社会民主工党（爱森纳赫派）和拉萨尔等创建的全德工人联合会（拉萨尔派）在哥达召开了合并预备会议，并拟定了纲领草案《德国工人党纲领》。马克思告诫爱森纳赫派在同拉萨尔派合并时不要拿原则作交易，并抱病写了《德国工人党纲领批判》（即《哥达纲领批判》），内容包括马克思的《德国工人党纲领批注》和他在一八七五年五月五日写给威·白拉克（即爱森纳赫派的领导）的信，马克思在这部著作中逐条批判了纲领草案中的拉萨尔主义观点，阐述了科学社会主义的基本原理，丰富和发展了科学社会主义理论。

《哥达纲领批判》在马克思生前没有公开发表。一八九一年，恩格斯将这一著作作了某些删节后首次发表在一八九一年《新时代》杂志第一卷第十八期，并写了序言。《哥达纲领批判》相关内容传入中国始于一九二一年六月一日《新青年》第九卷第二号刊载的《马克思派社会主义》一文，文中译介了《哥达纲领批判》中一段："由资本主义社会移到社会主义社会的中间，有一个政治的过渡时期。这政治的过渡时期，就是劳动专政。"一九二一年七月一日陈独秀在《新青年》第九卷第三号发表

《社会主义批评（在广州公立法政学校讲演）》一文，在谈到“无产阶级专政”时，引用《哥达纲领批判》中的一句话：“在资本主义的社会和共产主义的社会底中间，有一个由这面推移则那面的革命的变形的时期。而这个时期，政治上的过渡时代就为必要。这个政治上的过渡时代，不外是无产阶级底革命的独裁政治。”一九二一年八月十四日，施存统在《新青年》第九卷第四号发表的《马克思底共产主义》一文，译载了《哥达纲领批判》相关内容。一九二二年一月十五日，《先驱》创刊号刊载重远（即邓中夏）《共产主义与无政府主义》一文，该文对《哥达纲领批判》的部分内容进行了简要介绍。

《哥达纲领批判》第一个中文全译本由熊得山翻译，载于一九二二年（北京）《今日》月刊第一卷第四号“马克思号”第九—三十五页，文前有“译者附记”。它的第二个中文全译本由李达翻译，以“德国劳动党纲领栏外批评”为题名，于一九二三年四月十日刊载在湖南自修大学出版的《新时代》第一卷第一号第一—二十八页。第三个中文全译本由彭学霈翻译，以“德意志劳动党纲领批评”为题名，于一九二五年五月发表在上海《学灯》第七卷第五册第九、十二—十五号，该译本参照一九二二年的德文和法文本翻译，文前有译者写于一九二四年十二月十五日的序言。第四个中文全译本由李春蕃（柯柏年）翻译，一九二五年八月上海解放丛书社出版。第五个中文全译本由李一氓翻译，载于一九三〇年二月上海社会科学研究会出版的《马克思论文选译》。第六个中文全译本由延安马列学院的教员何思敬、徐冰合译，延安解放社出版，该版本的译文特点是吸取了前集中版本的优长，语言更加流畅，较为符合当时的阅读习惯。

我们此次整理出版“回眸经典·马克思主义”系列丛书，并尽量保持其原汁原味，有利于读者更加深入地了解其在中国传播的演进过程，深刻理解中国共产党为推进马克思主义中国化、时代化进行的艰苦探索，为当代学术研究和理论学习提供更多文本支持。

方便读者学习，我们此次整理出版的《哥达纲领批判》何思敬、徐冰合译本，在保持原书内容、当时的语言风格、词语的使用、词语的翻译和基本结构不变的前提下，我们对不太适合当今阅读习惯的部分字词进行了修订。如有不当之处，敬请批评指正。

张远航

二〇二四年四月于北京

目　录

哥达纲领批判

——卡尔·马克思——

德国工党纲领评注

1

1. 劳动是一切财富和一切文化底源泉，并且因为收效致用的劳动只有在社会里和通过社会才是可能的，劳动底所得按照平等的权利，不折不扣地属于一切社会成员。

本条第一段：劳动是一切财富和一切文化底源泉。

劳动不是一切财富底源泉。自然界同样是使用价值底源泉（并且从这里面才构成了实质的财富），和劳动一样，劳动本身就只是一种自然力——人类的劳动力底表现[①]那句话在一切儿童课本里头可以找到，而只有在可以推想到劳动是拿适切的对象和手段来进行的限度内才是正确的。但是一个社会主义的纲领不能容许这种资产阶级说法来隐默一些专拿一定意义给这种说法的条件。当人在开始就把自己当作主人去对付自然——劳动手段和劳动对象底第一源泉——把自然当作属于他的来处置的时候，他的劳动才成为使用价值底源泉，同时也成为财富底源泉。资产阶级有很好

① 参照《资本论》第一卷，第五章，第一节："劳动首先是人类与自然之间的一个过程，在这个过程里人类靠他本身的活动来媒介、来控制、来管理他和自然之间的物质交换。人类自己对向着自然物质就是一个自然力。他使动他本身所具的自然力，臂和脚，头和手，以便占领自然物质成为自己可以使用的形态。他通过这个运动去作用到他外部的自然并改变这外部的自然，同时也就改变他自己的性质。"

的理由，把劳动捏造为超自然的创造力；因为正是有这劳动底自然制约性，所以，除了他自己的劳动力之外没有其他财产的人在一切社会状况和文化状况之下都不得不成为其他变成物质的劳动条件之所有者们底奴隶。他（奴隶）只能在他们的允许之下劳动，结局只能在他们允许之下生活。①

我们让这句话去吧，或者让它去跛行吧。不过它能令人期望些什么结论呢？显然是这样：

“因为劳动是一切财富底源泉，在社会里头除了劳动生产物之外，谁也不能占领到财富。如果他不自己劳动，他就依靠别人的劳动来生活，他的文化也全靠花费了别人的劳动才得到的。”

不这样说，反而用“并且因为”的暧昧词句来适应第二句，以便从这第二句中而不是从第一句中抽引出结论来。

本条第二段：收效致用的劳动只有在社会里和通过社会才是可能的。

照第一句的文义，劳动是一切财富和一切文化底源泉，因此，也没有一个社会没有劳动是可能的。现在我们遇到相反的，即没有收效致用的劳动没有社会是可能的。也可以同样妥当地说，只有在社会里头无用的甚而危害公众的劳动能够成为一个职业种类，只有在社会里人可以靠懒惰为生等——一句话，可以抄袭整个的卢梭②。

① 参照《资本论》第二卷，第一章，第二节：“不管生产之社会形态怎样，工人和生产手段始终是生产的要素。不过工人和生产手段依据着可能只能是处在互相分离的状况下。为了根本能够生产，二者应结合起来。这种结合实现的特殊方式就分别出社会构造的各个不同的经济阶段。”

② 卢梭（一七一二年——一七七八年）——启蒙时代的哲学家兼政治思想家。当作资产阶级（第三等级）革命派的代表，他是一个彻底资产阶（转下页）

那末[①]什么是“收效致用的”劳动呢？只是生产出预期的效用之劳动。一个野人——人脱离了猴子状态以后，他是一个野人——用石头打死了一个动物，收集了果实等是做了收效致用的劳动。

第三段，结论：并且因为收效致用的劳动只有在社会里和通过社会才是可能的，劳动底所得按照同等的权利，不折不扣地属于一切社会成员。

好漂亮的结论！如果收效致用的劳动只有在社会里和通过社会才是可能的，劳动底所得属于社会——并且只有不必维持劳动底条件（即社会）的那一部分才归各个工人所得。

事实上，这种词句在任何时候都是给每个社会现状底拥护者所利用的。首先政府（及与它相粘连着的一切）这样主张，因为它是保持社会秩序的社会机关；其次各种私有财产这样主张，因为各种私有财产是社会底基础等。我们看到，这种空洞词句是可以随便调换和运用的。

本条第一、二段只有在这个文体中才有某种明了的关联：劳动只有当作社会的劳动，或者说在社会里和通过社会也一样，才成为财富和文化底源泉。

这句话是无可争辩的正确，因为即使单独的劳动（假定它有了物质的条件）也能产生使用价值，但不能产生财富及文化。但是另外一句话也同样是无可争辩的：

（接上页）级民主主义底理论家。他是一个反对封建剥削、反对专制政治的热情战士。他拥护“人民主权”底理论，这理论在甲可宾党之平民的革命斗争里得到了实现。他对于封建社会制度的批判是建筑在天赋平等，人类之幸福的原始共产状态，自然之优越性，以及关于文化和启蒙之自然性质等抽象而非历史事实的学说。他的同时人叫他为“自然使者”。马克思在他的《哥达纲领批判》里指出，哥达纲领不对社会制度及其发展法则作科学的阶级分析，反而在这儿重复着抽象的令人想起卢梭学说的理论。

① “那末”同“那么”，下同。

“跟着劳动社会的发展以及它因此成为财富和文化源泉的程度，也发展着工人方面的穷苦和无保障性以及非劳动者方面的财富和文化。”

这是全部至今的历史法则。那末不是拟就关于“劳动”或“社会”的一般语句，而是这儿要肯定地指证出怎样在今天的资本主义社会里创造了物质等的条件，迫使与促成工人们折断社会的罪根。

实际上，在体裁上、内容上都弄错了的这整条文，只是想把拉萨尔[①]派

---

① 拉萨尔（一八二五年——一八六四年），初期以律师为业，政论家，在德国工人运动上起了相当大的作用。当六十年代之初，德国工人运动汹涌于全国之际，拉萨尔乘机创立了“德国工人总会”，这样第一次建立了德国工人不受资产者民主政党支配的大众政治组织。在这点上他建立了他的重要历史地位。有一个时期，他接受了马克思的影响，或者靠亲身来往，或者用信札来往接近了马克思，甚而自称是马克思的“学生”。但他没有接受无产阶级革命的立场。他在机会主义的途径上指导他建立的那个政党，提出了改良主义的口号，宣传经过有着普选的“自由”国家（即资产者国家），经过普鲁士政府所补助的生产合作社来达到社会主义。在当时最重要的政治问题上，即在德意志底统一问题上，因这问题或者由革命来解决，或者由普鲁士所进行的王权战争来解决，拉萨尔却和俾斯麦订了协定，勾结起来，直接在普鲁士地主政府的手下帮助了普鲁士的统一。列宁曾在一九一三年写道：“拉萨尔和拉萨尔派看到统一之无产阶级的和民主的道路的命运少，就采取了动摇观望的策略，迁就了地主俾斯麦的领导权。他们的错误引导这个工人政党走向拿破仑式国家社会主义的歧途。”（《列宁论“奥格斯德·倍倍尔”》）在一九一五年列宁又说：“拉萨尔……在献媚于俾斯麦的期间——是机会主义者。拉萨尔迁就了普鲁士和俾斯麦的胜利，敷衍了意大利和德意志民主的民族运动之力量不足。这样子，拉萨尔就偏到‘民族自由主义的工人政策’的方向去了。关于这个问题，相反，马克思促进和发展了一个独立的彻底民主主义的与那种‘民族—自由主义’之懦怯相反的政策（普鲁士参加一八五九年反拿破仑的战争给了德意志的人民运动以激动力）。拉萨尔之往上看远过于往下看，给俾斯麦迷住了。俾斯麦的成功断没有理由来辩护拉萨尔的机会主义。”（《列宁全集》第十八卷第一三一页）拉萨尔主义在德国工人运动底全部历史中经常是机会主义者底旗帜，在世界大战中，以及以后社会爱国主义者、社会法西斯蒂，屡次提出“回到拉萨尔去”的口号。

的口号即“不折不扣的劳动所得”写到党的旗帜上来。以后我还要谈到“劳动所得”和“同等权利”等，因为这同一事物是在多少不同的形式中重新出现了。

2. 在今天的社会里劳动手段是资本家阶级底独占。工人阶级受这个独占所制约的从属性是一切形态的贫困和奴役底根源。

这段从《国际规约》[①] 中引借来的文章在“加以改正了的”表白上是错误的。

在今天的社会里劳动手段是土地所有者（土地所有的独占甚至是资本独占底基础）和资本家底独占。《国际规约》在该段中没提出垄断者底这个以及其他的阶级。它是说到劳动手段底，换言之，生活源泉底独占。追加句子：“生活源泉”，充分表明土地是包含在劳动手段之内的。

这修改之所以提出，是因为拉萨尔，由于现在大家都已知道的理由，只攻击资本家阶级，而不攻击地主。[②] 在英国，资本家大都不是他工厂建筑

---

① 指“国际工人联合会”，即第一国际的《规约》（马克思在一八六四年九月起草的）。《规约》的该部分是：“工人之经济地隶属于劳动手段即生活源之私有下，种下了一切形态的奴役，社会的贫困，精神的愚钝，政治的附属。”

② 马克思指的是拉萨尔和俾斯麦订结的“协定”。马克思和恩格斯早已料到此事之存在。他们的预料直到拉萨尔死后才证实。在一八六五年二月二十三日给柯格尔曼（Kugelmann）的信里，马克思关于此事曾这样写道：“无论如何拉萨尔在事实上背叛了该党，证据已经落在我们手里，不久便会水落石出。他已经和俾斯麦发生了形式上的接触（不成问题，任何种类的保证都拿不到手的）。在一八六四年九月底，他曾准备到汉堡去……强迫俾斯麦合并史莱斯维西·霍尔斯旦（Schleswig-Holstein），换言之，他曾借‘工人们’的名义来宣布这个合并。对这件工作的报酬，俾斯麦答允普通选举以及些许社会主义的膏药。这是很可惜的：拉萨尔没有能够把这出把戏表演到底。倘若干出来，这出把戏一定会惩得他像可笑的蠢才一样，并且一定会把他弄到以后所有这类的企图再也没有办法尝试就是了。”马克思并没有知道拉萨尔不是在死前不久，而是早已在一八六三年五月初就和俾斯麦订了协定。这也难怪，因为这件事情直到一九二八年（转下页）

地底所有者。

3. 劳动底解放要求提高劳动手段为社会底公共财产及全部劳动之合作的规定与劳动所得之公平分配。“劳动手段提高为公共财产”应该是说“变成公共财产”，不过这只是附带的。

什么是“劳动所得”！劳动底生产物或生产物底价值！那末在后一场合内，是生产物底总价值呢或者只是劳动重新追加在被消费了的生产手段之价值上的价值部分呢？①

“劳动底所得”是拉萨尔在一定的经济概念之地位上的一个空洞概念。

什么是“公平分配”呢？

不是资产者们都在肯定说现在的分配都是公平的吗？并且事实上，它在现今的生产方式底基础上不是唯一的“公平”分配吗？经济关系由法律概念来规定呢？或者反过来是法律关系从经济关系中生长起来的？不是在社会主义的各宗派②之间关于所谓“公平”分配有各种不同的观念吗？

(接上页）才偶然被发现，结局才知道拉萨尔的“德国工人总会”是得了俾斯麦的默许而创立起来的。马克思形容拉萨尔派是普鲁士皇家的社会主义者，这并不冤枉。关于这点，我们引用一八六三年六月八日拉萨尔给俾斯麦的信里一段：“工人层方面可能转移得过来……承认皇帝为社会独裁之自然的负责者去反对资产者社会的利己主义。倘若皇帝方面……肯下决心……开辟一个真正革命的民族方向并且亲手把特种身份的君主国改成一个社会的革命的民众君主国。”（见《俾斯麦和拉萨尔：他们的信件和谈话》）

① 在《资本论》里头，马克思称生产物的总价值为“诸生产物的价值”，因为他标明那劳动在生产物上追加上去的，价值的新部分为“新价值”，为“新添加的价值”（参照《资本论》第一卷第六章“不变资本与可变资本”，第七章第三节“西尼亘的最后的一时间”。关于“新价值”也请参照第十五章“劳动力的价格和剩余价值的大小相互关系”。）

② 马克思在一八七二年曾谈论过宗派社会主义。在他反驳巴枯（转下页）

为了要知道在这里对于“公平分配”这句话是怎样想象的，那末，我们必须把第一条和第三条来对照一下。第三条是假定一个社会，在这个社会里，“劳动手段是公共财产并且全部劳动是合作的规定的”，而从第一条里我们看到“劳动底所得按照同等权利不折不扣地属于社会全体成员”。

“属于全体成员”？也属于不劳动者吗？那末不折不扣的劳动所得在哪儿呢？只是属于劳动的社会成员吗？那末一切成员底同等权利又在哪儿呢？

“一切社会成员”和“同等权利”等显然只是一种说法而已。问题的要点是，这个共产主义的社会里每一个工人必定得到“不折不扣”的拉萨尔式的“劳动所得”。

我们首先把“劳动所得”在劳动生产物底意思内来看，那末合作的劳动所得就是社会的全部生产物。那末从总生产物里应该扣去：

第一，抵偿那已经用去的生产手段的补充。

第二，为了扩张生产的追加部分。

第三，预防因自然变故等而发生灾害和障碍的预备基金和保险基金。

（接上页）宁的小册子《第一国际内部被构意想出来的分裂》里说：“反资产阶级的无产阶级的斗争的第一个阶段，是拿宗派运动做标志的。在无产阶级尚未充分发展到能够当作阶级起来行动的时代，是可以称为正当的。孤零的思想家们对社会上种种敌对情形提出了批判和空想的解决，以为只要工人们接受这些解决，当作完全无缺的东西去宣传、实行就够了。在这个以个人的创始性来建立的宗派倾向里面已经存在有一个事实，就是他们亲身离开一切实际活动很远，离开政治、罢工、职工会，一句话离开一切集体的运动。无产阶级大众对他们的宣传始终表示冷淡，甚至表示敌意。巴黎和里昂的工人们一点也不理睬圣西门派、傅立叶派和伊加里派（Icarians），同样英国的宪章运动者，职工运动者也不理睬欧文派。这些宗派在初期对于运动产生了重要作用，但一旦运动本身追上了它们，它们就变成了障碍物，变成反动了。其伟大的证据，就是这些宗派在法国、在英国，以及最近拉萨尔派在德国阻碍了无产阶级的团结，好多年之后，结局变成单纯的警察底工具了。简言之，它们代表了无产阶级运动的幼稚，正像占星术和炼金术代表了科学的幼稚一样。”

“不折不扣的劳动所得”里的这些扣除是一个经济的必要，至于它的大小是按照现存的手段和力量来确定的，一部分用百分比（公算）来计算，但无论如何没有办法用“公平”来计算。

全部生产物底其他部分，一定作为消费手段之用。

在这部分作个人的分配之前，还有一些要从这里扣除的：

第一，一般的不属于生产的管理费用。

这部分起初和今天的社会比较起来，是大大地受到限制的，并且跟着新社会发展的同等程度而逐渐减少。

第二，属于满足共同需要者如教育、卫生设备等。

这一部分和现在的社会比较起来显然早就发达，并且跟着新社会的发展的同等程度而增加起来。

第三，对于无力劳动者的基金，概括地说，凡今天属于所谓官办的慈善事项。

现在我们才论到“分配”的问题，哥达纲领在拉萨尔的影响之下只是偏狭地来观察分配问题，即是只注意分配在合作社个别生产者之间的消费手段的部分。①

---

① 马克思在他的小著《住屋问题》里头，也批评到“不折不扣的劳动所得”之“社会主义的”要求，并且论驳了法国小资产者社会主义者蒲鲁东的体系，因为蒲鲁东也主张这个要求。他写道：“并且这是明白的道理：凡在那由现代大规模工业来造成的（共产）社会的生产里头可能保障每个人得到‘他劳动的全部所得’，倘这句话还有点意义的话。并且这一句话只有一个意义，倘若这句话伸展到不是每一个个别的工人成为‘他劳动的全部所得’的所有人，反而整个由完全工人们造成的社会，成为他们的劳动的终生产物之所有者，而终生产物之一部分，分配到社会成员中去消费，一部分拿去补充并增加社会的生产手段，还有一部分留下来当作生产和消费的储备来源。”

“不折不扣的劳动所得”已经暗中变成“有折有扣的所得”了，虽然生产者在以私人的资格所丧失了的又直接或间接地以社会成员的资格收回来。

随着“不折不扣的劳动所得”这句话之消失，立刻连“劳动所得”这句话也消失了。①

在基于生产手段公有之上的合作社会里，生产者并不交换他们的生产物。在这里变成生产物的劳动也同样不表现为这些生产物底价值，不表现为它们所具有的实质的性质，因为现在和资本主义社会相反，个人劳动已不是在一个间接的方式上，而是直接当作总劳动的一个构成部分存在着。“劳动所得”这个词在现在因其意义含糊而招遗弃，这样就丧失了一切意义。

此地我们所要讨论的是一个共产主义社会，不是说它如何在自己的基础上发展的，相反，是它怎样刚从资本主义社会里生长起来的，那末它在任何方面，经济上、风俗上以及精神上还带着旧社会——它是从它的胎盘里生长出来的——底斑痣。适合着这个情形，个别的生产者——在各项被扣除以后——精确地获取他所给予社会的。他给予社会的是他个人的劳动量。例如一个社会的劳动日是由所有个人的劳动时间底总合所形成的；个别生产者底个人劳动时间是社会的劳动日之由他所供给的一部分，是他在这个社会的劳动日里的一份。他从社会获得一种证券证明他（扣除了他为公共储蓄的劳动之后）供给了多少劳动，于是他凭券从消费手段的社会储蓄中取出与他的劳动相等的那么多东西。他在一种形态中所给予社会的同一劳动量又在另一个形态中得了回来。

此地显然通行着一个规定那商品交换（只要这交换是同等价值的）的

① 参照列宁批驳拉萨尔的“不折不扣”或“全部劳动所得”（见《国家与革命》第五章第三节：“共产社会的初步阶段”）。

同一原则。内容和形式是变更了，因在变更了的环境之下，除了他自己的劳动之外，都没有什么其他的东西可以供给，因为除了个人的消费手段之外没有什么其他的东西可以成为个人的财产。但是关于消费手段在个别生产者之间的分配，就通行着像在商品等价物的交换里通行的同一原则：某一个形态里的同量劳动可以与另一个形态里的同量劳动交换。

所以尽管原理和实行早已不相矛盾，在商品交换上等价物底交换仅仅在总平均中出现，并不在单独的场合中出现，但此地的平等权利在原则上仍然是资产阶级的权利。

虽然有这种进步，这种平等的权利还常常是与资产阶级的限制性相联着。生产者们底权利是在他们的劳动供给中相比例的，平等是以平等的尺度，即劳动，来计算的。

一个人在生理上或精神上比另一个人来得强，因此，在同一时间内供给更多的劳动，或者能够劳动更长时间，并且为了把劳动当作尺度来使用，必须按照它的延长和强度来确定，不然劳动就不成其为尺度了。这个平等的权利对于不同等的劳动是一个不平等的权利。它不承认阶级的差别，因为每一个人像其他一个人一样只是劳动者，但是它默认不同的个人的天赋以及工作能力作为自然的特权。所以根据它的内容来讲，如像一切权利一样，是一个不平等的权利。这个权利，根据它的性质来讲，只能在使用平等的尺度中存在着，但这些不同等的个人（如果他们不是不同等的，那他们就不成其为个别的个人）只能用平等的尺度去计量，只要把他们放在同等的观点之下，只要从一个确定的方面去把握他们，譬如在当前的场合里，把他们只是当作工人看，不把他们看成其他的而抛开其他一切的话。还有，一个工人已经结婚了，另外一个还没有；一个工人比另一个工人有更多的儿子等。所以在同等的劳动支出以及在对于社会的消费资源之同等份额上，这个工人事实上比另一个工人取得更多些，某一个工人会比另一个工人更富足些等。要避免一切这些弊害，权利就不能平等，只好不平等。[①]

---

① 在《反杜林论》里头，恩格斯关于要求平等的这个要求，写了下列一段话："所以在无产阶级口中要求平等的这个要求，有两个意义：或者一方面，尤其在运动刚刚开始的时候，例如在农民战争里头，是一个自然的反响，对准着呼痛的社会不平，对准着贫富的对立，封建地主和农奴的对立，温饱和饥饿的对立。这样的一个要求，原来是革命本能的一个单纯的表现，并在这个表现里头，实在只在这个表现里头获得他的正当性。或者另一方面，无产阶级要求平等是当作一个反抗作用提出来的对准着资产阶级要求平等，并且还从资产阶级的这个要求里头得出了或多或少正确的和更广泛的要求，并且利用这种要求当作鼓动手段去唤起工人们去根据资本家自己的一些主张来反对资本家们；所以在这个时候，无产阶级的这个要求和资产阶级的这个要求站在一起、落在一起。但在上述两个意义的时候里，无产阶级的平等要求之实际内容是要求废止阶级。平等的任何要求倘越出这个意义的范围，必然会变成荒诞。"

在他的著作《无产阶级专政时期的经济和政治》里头，列宁联系到恩格斯的这个说明，写道："恩格斯老早就在他的《反杜林论》里头说明过这平等观念是商品生产的关系的模像，倘这个观念不当作'**废止阶级**'来解释，那就会变成偏见。关于平等，资产者民主派的和社会主义者的观念之间是有区别的，这个基本的真理常常被人忘记着。倘人家没有忘记这个真理，他就可以明白：推翻了资产阶级之后，无产阶级就决定地向前进一步到废止阶级的阶段，并且为完成这个过程，无产阶级必须继续它的阶级斗争，利用国家权力的装置，并利用战斗的、起作用加压力的一切方法加到被推翻的资产阶级和动摇的小资产阶级上去。"（《列宁全集》第七卷：《国家与革命》）在这书里，列宁一部分引用了、一部分摘录了并发展了马克思在这个批判里头提出来的思想。

关于共产主义初期的"公平"和"平等"，列宁曾在《国家与革命》里头写过下面的一段话："共产主义初期还拿不出'公平'和'平等'来，在富足上还有差别并且不公平的差别还存在。但是，这一个剥削另一个的这种剥削已经是不可能了。因为生产手段：工厂，土地，机器，已经不能当作私有财产割据在身边了。马克思在击破拉萨尔的小资产者的暧昧的一味'平常''公平'之类的美名之际，曾指示了共产社会的发展步骤。这个共产社会起初还只能仅仅除去个人占领生产手段的那种不公平，暂时还没办法除去那广义的，即消费手段要按照劳动成绩（而不按照需要）来分配的，不公平。"（转下页）

不过这些弊害在共产主义社会底第一个阶段上是不可避免的，因为这社会刚从资本主义社会里经过长期诞生的痛苦之后才产生出来。权利不能高过于社会的经济状态以及由此而决定的社会底文化发展。①

（接上页）联共在进行斗争去反对“左”派在工钱问题上的平等主义之际，完全根据马克思和列宁关于共产社会初期的学说。斯大林强调了这点，在他的在经济专家会议席上的有历史意义的演说里说：“马克思和列宁说：就算在社会主义里面，就算消灭了阶级之后，但也还有熟练劳动和不熟练劳动之分别。并且要到共产主义社会里面方始消灭。所以，在社会主义下面，‘工钱’必须仍旧按照成绩，还不能按照需要来测定。但在经营家和职工运动者们里面，我们的平等主义者们却不同意这点，甚至以为在我们的苏维埃制度里面，上述这种分别已经不再存在。究竟哪方面对？马克思和列宁对呢？或者平等主义者们对呢？我们总不得不承认马克思和列宁有道理。这就是说今天哪一个要在平等主义的原则上建立租税制度，而不顾虑到熟练和不熟练劳动者之间的分别，那末，他就毁灭了马克思主义，也毁灭了列宁主义。”（斯大林：《新情况和新任务》，一九三一年）关于这点也请看斯大林和德国著作家爱米尔·鲁特维西（Emil Ludwig）的谈话，一九三一年。

① 在他的《国家与革命》里面，列宁说明并发展了马克思的论点如下：“因此，在共产主义社会的第一阶段中（普遍称为社会主义），‘资产阶级式的权利’并没有完全被消灭，所消灭的只是一部分，只限于已经达到的经济改革范围内的部分，也就是说，只是对生产手段的关系而言的。‘资产阶级式的权利’承认生产手段是个人的私产，社会主义把它们变为社会的公产。在这一点上，而且只有在这一点上，‘资产阶级式的权利’是不复存在了的。

“但是‘资产阶级式的权利’之其他部分，依然是存在的，它现在成为社会各分子间生产品分配和劳动分配的调节者（决定者）。‘谁不做工，谁就不应有饭吃’，这个社会主义的原则已经实现了。‘等量劳动可以获得等量的生产品’，这个社会主义的原则也已经实现了。然而，这还不是共产主义，且这还没有消灭给不同的人们之不等量（实际上的不等量）劳动以等量生产品的‘资产阶级式的权利’。

“马克思说这是一个‘缺点’，但是这在共产主义底第一阶段中是不可避免的。因为，要不陷于乌托邦主义，我们就不能以为推倒了资本主义之后，人们就立刻会知道为社会劳动而不需要任何权利底标准，而且，资本主义底消灭，并没有立刻就造成这种变迁底经济前提。”

在共产主义社会底更高阶段上，在个人之奴役的从属于分工以及因此而生的精神劳动和肉体劳动的对立消灭之后，在劳动本身变成不单是生活底手段而且是第一个生活需要之后，在生产力跟着个人底一切方面的发展也增长起来，并且在合作的财产底源泉更丰富地涌流出来之后——然后能够完全超过那狭隘的资产阶级的权利界限，这个社会在它的旗帜上写着：各尽所能，各取所需。[①] 我一方面广泛地讨论了“不折不扣的劳动所得”，另一方面讨论了“平等权利”和“公平分配”，以便指出他们是怎样冒渎了：他们一方面企图强迫我们党接受那在某一时期有些意义但现在早已变成陈旧空话的一些见解再当作教条；另一方面企图又用思想的权利以及民主主义者和法国社会主义者所常用的其他种种空论来调换我们的现实主义的观点，而这个现实主义的观点是曾这样努力地协助了党，并且现在已经在党内打下了根基的。

除了至今所展开的一些之外，还大肆喧嚷其所谓的分配，而把重心放在它上面，这是根本错误的。

---

① 在一九一九年十二月列宁联系到“共产主义者的星期天”，写道：“倘若我们自己问问自己究竟怎样把共产主义和社会主义区分开来，那末我们一定说：‘社会主义是直接从资本主义里头生长出来的社会，说这是新社会的第一个形态。另一方面，共产主义是社会的更高级的形态，这个形态只有社会主义已经获得坚固不动的根基的时候，才能够发展。社会主义首先要有不靠资本家的劳动，要有社会的劳动在劳动大众的最前进部分即有组织的先锋队的严密的计算、管理、监督之下，并且还要确定劳动的范围和程度，以及对劳动的补偿额。这些事情必须预先确立，因为资本主义社会还留剩了在一切农业国里盛行着的分散的劳动，对社会经济的不信任、小私有者的旧习气等之类的残余和习惯给我们。这一切对真正共产经济是背道而驰的。另一方面，凡无须任何强制装备人类已惯于自动实现社会的义务，凡为公共幸福计，不必付工钱的劳动，已变成普遍的现象，这样一个制度，就叫作共产主义。”（《列宁全集》第二十四卷）又见列宁的论文：《从几百年的一个社会秩序的破坏到一个新社会的建设》。（《列宁全集》第二十五卷）

消费手段之每次的分配，只是生产条件本身之分配底结果。生产条件底分配是生产方式本身底一种性质。例如，资本主义的生产方式就建筑在：物质的生产条件在资本所有和土地所有的形态之下分配给不劳动者，至于大众只是个人的劳动条件即劳动力底所有者。如果生产底诸要素是这样的分配，那就自然而然产生消费手段底现今的分配。如果物质的生产条件是工人自己合作的财产，那也同样自然而然产生消费手段和今天不同的分配。庸俗社会主义（并且其中一部分是民主主义），从资产阶级经济学家们那儿借用来：把分配当作和生产方式无关的东西来观察来研究，因此，把社会主义主要当作在分配周围打转的东西来表现。[①] 早已弄明白了真实关系以后，为什么还要开倒车？

4. 劳动底解放必须是工人阶级的事业，与之相对立的一切其他阶级只是一个反动的集团。

第一句是从工人《国际规约》的开头语里拿来的，不过是“修改了”。那里写着：工人阶级底解放必须是工人们自己的事业；[②] 而此地却相反地“工人阶级”要解放——什么？“劳动”，谁能懂得谁去懂得吧。

---

① 在《资本论》第二卷里马克思说：“并且不到生产方式的性格里头去发现那相符的流通方式的基础，反而倒转来看。这种看法是和唯利是图的资产者的眼界一致着。”生产和分配、交换以及消费的关系问题是由马克思详细分析在他的未完成的《政治经济学批判序言》（一八五七年）里。

在列宁的论文：《人民主义的经济内容以及斯脱鲁维先生在他的书里对人民主义的批判》（一八九四年）里，他曾提到哥达纲领上引的一段并且说：“马克思拿庸俗社会主义到科学社会主义下面去对照过：科学的社会主义决不付与重要的意义给分配。科学的社会主义，通过生产关系的组织，去分析明白社会秩序，科学的社会主义认识到生产关系组织的一定体系已经包含着分配的一定体系在它自己里面，这个见地一贯地贯彻在马克思的整个学说里面。”

② 第一国际规约序文在字面上这样写着：“工人阶级的解放……必须由工人阶级自己来争取……”

反过来，转句[①]是完全引用了拉萨尔的原文："和它（工人阶级）相对立的一切其他阶级只形成一个反动的企图[②]来补偿。"

在《共产党宣言》里这样说："现在和资产阶级对立的一切阶级之中只有无产阶级是一个真正革命的阶级，剩余的各阶级随着大工业底发展而衰落与死亡，而无产阶级则是大工业自身的产物。"[③]

---

① 从略。

② 见恩格斯给倍倍尔的一八七五年三月十八日的那封信。(本书第五节)

马克思和恩格斯在批驳这个口号的时候常常指出无产阶级的团结的意义。他们强调了市绅民主革命的生长到社会主义革命的生长过程的莫大意义。恩格斯在一八八二年十一月二日写给伯因斯坦说："倘有人以为下次的革命要世界分成两支军队，我们站在这边，一个反动集团站到那边去才干得起来，那末，这种见解是孩子气的见解。"

这个见解的意思不外是："革命要从第五幕开始，不要从第一幕开始，但在第一幕里一切反对党派的群众都一齐站起来反抗政府和它的工具而得到胜利之后，然后胜利者方面的各个党派，一个一个用完他的力量，做完他的工作，一个一个不中用下去。这样子到结局把人民大众整个推到我们这方面来的时候，这时候，那有名的全线进攻的大决战才能出现。"并且列宁也曾讲到这个问题如下："倘相信社会革命没有各处殖民地的和欧洲的弱小民族的起义，没有具有一切偏见的小资产阶级的一部分的爆发，没有落后的无产的半无产的大众的运动来反抗财产所有人的和教会的枷锁，反对专政君主的和民族的压迫也可以设想——倘相信这个，那就是拒绝社会革命。只有幻想一方面有这一支军队集结起来高呼：'我们拥护社会主义'，另一方面有另外一支军队集结起来高呼：'我们拥护帝国主义'这样幻想起来，这幻想才是'社会革命'！"

谁要静待一个纯粹的社会革命，他就终生也体验不到这个革命，他也只是在口头上的革命家，现实的革命不是他所能理解的。

一九〇五年的俄国革命是一个资产阶级民主主义的革命。它包括全人口的一切不平等的阶级集团以至份子的一个排列的斗争，大众的运动在客观上明明替沙皇掘了坟墓，替民主主义开拓了道路，因此，有阶级觉悟的工人们才起来领导了这个革命。欧洲的社会主义革命，除了一切以至每个被压迫的不平的人们的大众斗争的爆发之外，不可能有其他的东西。

③ 见马克思和恩格斯共著《共产党宣言》("解放社"版，成仿吾、徐冰译，第二十八页)。

这儿，资产阶级是被当作革命的阶级看的——当作大工业底负担者——针对着封建地主和中等身份，这批人们才要求保持一切社会的地位——过时了的生产方式底产物。那末他们并不和资产阶级一起形成，只是一个反动的集团。

另一方面，和资产阶级相对立的无产阶级是革命的，因为它本身是在大工业的基地上长成的，力图解脱生产之资产阶级所企图永远维持的资本主义性。不过，《宣言》曾添加上“中等身份将会是革命的，在他们眼前就要转入无产阶级里去的时候”。①

所以从这个见地看去，说中等身份和资产阶级一起甚而和封建主一起，对于工人阶级，“形成只是一个反动的集团”。这又是无意义的。

在最近数次选举运动中，②谁向手工业者、小工业家等以及农民们公然说：对于我们，你们和资产阶级及封建主一起形成一个反动的集团吗？

拉萨尔背诵得出《共产党宣言》，和他的信徒背得出他亲手写著的神圣著作一样。如果他这样粗野地改纂《宣言》，那末，他的用意明明只是想粉饰他与专制主义和封建主义的政敌们之反资产阶级的联合而已。

在上面的章节里他的“格言”是牵强附会的，和那从《国际规约》里的改坏了的引文毫无关联。所以这儿只不过是一种无耻，并且绝不是俾斯

① 这里借用的《宣言》的文句是这样写着的：“那较低的中等阶级、小工业家、小商人、手工业者、农民——他们全部都进行斗争反对资产阶级，想挽救他们的中等阶级的地位，所以他们不是革命的，而是保守的。不仅如此，他们且是反动的，因为他们企图使历史的车轮向后转动。倘他们有时是革命的话，那就是因为他们看到自己眼前就要转入无产阶级的队伍，那就是因为他们不是保护他们现在的利益，而是保护他们将来的利益，那就是因为他们离开了自己的观点而站到无产阶级的观点上来。”

② 此地所指国会选举，是在一八七四年举行的。

麦先生所不满的，是柏林的马拉所作的那种廉价的粗野底无耻。[①]

> 5. 劳动阶级为它的解放首先在今天的民族国家的范围内努力，并意识到，它的努力之必然结果——这是一切文明国度的工人所共同的——是国际的人民联合。

拉萨尔反对着《共产党宣言》并反对着以前所有的社会主义，从最狭隘的民族的立场上来理解工人运动。人们还追随着他，而且这是在第一国际底行动之后！[②]

这完全是自明的道理：为了总要能够斗争起见，工人阶级必须首先在

---

① 马拉（一七四三年——一七九三年）是法国大革命的最出色的一个人物，最坚强的革命煽动家之一。马克思所称柏林的马拉，是讽刺拉萨尔派的机关报《新社会民主报》的总编辑哈塞尔曼。

② 第一国际，即“国际工人联合会”（一八六四年——一八七二年），在马克思的领导之下“打下了工人阶级的国际组织的基础，准备他们的革命的进攻，对着资本主义”。（《列宁全集》二十四卷）在他的论文：《卡尔·马克思》里头，列宁撮记了第一国际的历史如下：“在（十九世纪）五十年代末年和六十年代民主运动的再生时代，又叫马克思进到实践的活动里去，在一八六四年九月二十八日‘国际工人联合会’——有名的第一国际——在伦敦创立了。马克思就是这个组织的心脏和灵魂。他是第一国际的第一个告同志书、决议案、宣言等的著作者。靠组织各国工人的运动，靠竭力引导各式各样非无产阶级的马克思以前的社会主义（意大利的马志尼派、法国的普鲁东、无政府的巴枯宁、英国自由主义的职工运动派、德国的右倾的拉萨尔派）到共同努力的路线上来，靠批判一切这些宗派和学派，马克思锻炼了一个统一的策略给各国劳动阶级的无产阶级的斗争。自从巴黎公社失败之后（一八七一年）……自从第一国际给巴枯宁派分裂失败之后，这个组织在欧洲就不能存在了。自从一八七二年第一国际的海牙大会之后，马克思把第一国际的总评议会迁移到纽约去了。第一国际尽了历史的作用，并且，开辟了一条道路让世界的工人运动得到了一个大大生长的时期，这个时期实际上工人运动在广大规模上生长了，并且在个别的民族国家里头有大众的社会主义工人政党创立起来了。”

《共产国际纲领》的序文里有下列一段：“……当作统一无产阶级的统一而集中的国际政党——共产国际，是继承第一国际的各项原则并在革命无产阶级运动的新大众的基础上实现出来的唯一政党。”

自己的国内作为一个阶级组织起来，而国内便是它斗争底直接的战场。在这一点上，工人阶级底斗争并不在内容上，而是像《共产党宣言》所说“在形式上”是民族的。[①] 但是今天的民族国家底范围，例如，德意志帝国底范围又在经济上站在世界市场底“范围”内，在政治上站在国家体系底“范围”内。任何一个商人都知道德国的商业同时就是国外的商业，俾斯麦先生底伟大就在于他的一种国际的政策里。[②]

那末，德国工党把它的国际主义归根到什么上去呢？归根到“它的努力底结果将成为国际的人民联合”这个意识上去，归根到一种从资产阶级的“国际自由和平同盟”[③] 那里剽窃来的语句上，把它当作代替物来代替各

① 请看《共产党宣言》三〇页第一段与三九页第末段。

② 一八九〇年恩格斯描写俾斯麦的外交政策如下：“一八五九年的那个战争也惊醒了普鲁士。普鲁士把军队差不多增加了两倍，并且拿出一个至少在某点上在不择手段这点上可以和俄罗斯的外交手腕抗衡的人物出来当舵。这人就是俾斯麦。当一八六三年波兰起义之际，俾斯麦站在奥国、法国、英国的反对方面，装腔作势地左袒俄罗斯，并用尽方法来帮助俄罗斯获取胜利。这个工作就确确实实使俄罗斯皇帝放弃了他对史莱斯维西·霍尔斯旦问题的向来政策。在一八六四年经过沙皇的同意，这块俄国的领土就脱离了丹麦，于是普奥战争在一八六六年就起来了，这时候沙皇看到奥国又遭一次惩罚，又看到他的唯一忠仆，虽在一八四九年——一八五〇年吃了几脚之后仍旧忠实的——普鲁士的势力增加起来，便十分高兴。一八六六年的普奥战争之后接连就有一八七〇年的普法战争。那时沙皇又站在普鲁士方面帮助他的‘老叔’。他直接去威胁奥国，这样子，就剥夺了法国的能够挽救法国于一败涂地的命运之中的兴国。但是一八七〇年的沙皇亚历山大，正如一八六六年的拿破仑第三一样，看到德国军队这样迅速的胜利就觉得上当了。”（“俄罗斯沙皇的外交政策”，《新时代》，一八九〇年）论到普法战争的意义，列宁写道：“在普法战争中，德国抢劫了法国，但是，这个抢劫改变不了这个战争之基本的历史意义。这个战争从封建的离心倾向又从两个专制皇帝俄罗斯沙皇和拿破仑第三手中解放了数千万德国民众。”（见《社会主义和战争》）

③ “国际自由和平同盟”，是资产阶级民主派和自由贸易和平主义者们的国际组织。在六七十年代之间，当这“同盟”在一八六七年成立之际，（转下页）

国工人阶级在反对统治阶级及其政府的共同斗争中之国际的人民联合。而关于德国工人阶级底国际职能没有提一个字！要德国工人阶级这样去反抗本国的早已和其他一切国度的资产阶级联结起来以反对工人阶级的资产阶级和俾斯麦先生底国际阴谋政治！①

事实上这个纲领底国际认识比那自由贸易党底国际认识更是无限的低。自由贸易党也主张说，它努力底结果将是“国际的人民联合”。但是，自由贸易党也还做了一些事情把商业弄成国际的事业，而不满足在一切民族各自在国内进行商业的这个意识上。

工人阶级底国际活动绝不是依属于“国际工人联合会”底存在。“国际工人联合会”只是给那种国际活动创立一个中央机关的第一次企图。这一次企图经过它所给予的推动得到了持久的成绩，不过巴黎公社失败之后，在它的第一次的历史形态内已不能持久进行。

俾斯麦的《北部德意志一般新闻》② 完全是对的，如果它宣告了它的主人底满意说德国工党在新的纲领内抛弃了国际主义。③

（接上页）第一国际在马克思的推动和领导之下进行了决定的斗争反对这个“同盟”。这个“同盟”的口号是“各民族底联合”和“欧洲联邦”。

① 巴黎公社失败之后，俾斯麦企图在一八七一年到一八七二年之间订结一个德、奥、俄三国的具文条约，以便共同迫害革命运动，特别迫害第一国际，结果，虽没有达到订定具文条约，但列强的政府竟一致行动起来对付革命运动了。

② 《北部德意志一般新闻》，俾斯麦的机关报。在一八七五年三月二十日（第六十七号）上发表了一个社论：《关于社会民主党的纲领草案》，在这个社会里特别着重指出了纲领的第五点即马克思在《批判》里论到的这第五点，关于这第五点该报社论说：“社会民主党至少在一方面看来好似想亲自脱离第一国际的影响到某个程度”，“社会民主党的煽动工作从各方面看来已经很聪明了”，“已谢绝了第一国际”。

③ 恩格斯对于“哥达纲领”“国际主义”和马克思具同一见解，他在一八七五年八月十三日写给倍格尔（F.Becker）的信里这样说：“在德（转下页）

2

从这些基本原则出发，德国工党竭力想用一切合法手段来达到自由国家——和——社会主义社会；工钱制度与工钱铁则底废止——和——任何形态的剥削底废止；一切社会的政治的不平等底消除。

关于“自由”国家，我后面再讲。

那末在将来德国工党是相信拉萨尔底“工钱铁则”了。[①] 为了它（铁则）不至于消失起见，他们才谈到“工钱制度”（应当说“工钱劳动”底制度）同工钱铁则底废止的那种无聊话。如果我废止了工钱劳动，那末我当然也废止了它的法则，不管它是“铁制的”或海绵的。但是拉萨尔之攻击工钱劳动差不多只是围着这所谓的法则打圈子。所以为了证明拉萨尔派的胜利起见，必须工钱制度和工钱铁则一同废止并且没有这个（铁则）不行。

大家知道，从“工钱铁则”那儿只是由哥德底“伟大的永远的铁的法则”那儿借来的，“铁”字是属于拉萨尔的。这个“铁”字是一个记号，是正统信徒们所予以识别的。但是如果我接受那个附有拉萨尔印记的法则并且就因此在他的意义之下，那末我也应接受他的论据。他的论据是

（接上页）国……自从和拉萨尔派合并之后，和第一国际的联系——至今在任何时候都已经很松懈——就完全给破坏了。”

① 拉萨尔表明这个法则如下：“这个铁的经济法则在今天的关系之下，在劳动供求的支配之下，决定着工钱的这个铁的经济法则就是平均工钱始终停留在降到最低的生活必需的限度上……这个限度为维持生存和生殖起见是必需的。”（公开的书面答复给中央委员会，为了召集全体德国工人大会于莱伯齐西，秋里希，一八六三年；见拉萨尔：《讲演和著作》，柏林，一九二六年《政治的古典作家》，第十五卷，二二三页；又见恩格斯在一八七五年三月十八至二十八日给倍倍尔的信里对这个法则的批判，本卷第五篇）

什么？兰格[①]早已在拉萨尔死后不久指明，它（兰格亲自宣传的）就是马尔萨斯人口论[②]，那末，倘若这个理论是正确的，尽管我废止了工厂劳动到一百次之多，也不能废止这个法则，因为这个法则不仅支配着工钱劳动制度并且还支配着每一个社会制度。许多经济学家五十多年来恰恰根据在这上面，证明社会主义不能废止自然形成的贫困，而只能把它普遍化，同时把贫困分散在社会底整个面积上！

不过，这一切都不是主要的事情。完全除去这个法则之错误的拉萨尔公式之外，真正令人愤慨的退步是在于：

自从拉萨尔死后[③]，在我们的党内，科学的见解是开展了，认为工钱不是它所表相那样的东西，换言之，不是劳动底价值或价格，而只是劳动力底价值或价格之掩蔽形态。因此，工钱之全部过去的资产阶级的观点，以及全部过去的反对这种观点的一切批评，就永远被抛弃到垃圾堆里去，并且明白了：工钱劳动者只有替资本家们（因而同时替他们的剩余价值的共享者们）无报酬地做一定时间的工作之后，才得到许可为自己的生活而工

---

① 兰格（F.A.Lange，一八二八年——一八七五年），德国新康德派唯心论哲学家，小资产阶级民主主义的言论家，社会改良主义的著作《工人问题对现在与将来的意义》（一八六五——一八七四年）的作者。

② 马尔萨斯（Thomas Robert Malthus，一七六六年——一八三四年），英国经济学家。在他的著作《人口论》里，他展开了一个意见说世界上有一个永远不变的人口法则，就是人口数是按照几何级数（1，2，4，8，16…）而增长，反之，维持人口所必需的食料只跟着算术级数（1，2，3，4，5…）而增长的。据马尔萨斯的意见，结局贫困的根据是在人类无限制的生殖努力和必要营养手段的有限制的增加之间的自然矛盾里。马克思称马尔萨斯的这部书是对人类的一个侮弄，他指摘了马尔萨斯的所谓“法则”的无聊，并且证明了“实在每个特殊的历史的生产方式具有这个生产方式特有的适合一个历史阶段的人口法则”。（《资本论》第一卷第二十三章，又见“马尔萨斯理论的批判和资本主义生产方式的人口法则之叙述”）

③ 拉萨尔死于一八六四年九月的决斗。

作，换言之，才能活命：资本主义的生产体系是为了通过劳动日底扩展，或通过生产力底发展，或劳动力底更大的紧张，来延长无偿劳动；那末，工钱劳动制度是一个奴隶制度，并且这个奴隶制度跟着劳动之社会生产力底发展程度而越加困苦，不管工人是得到较好的还是较坏的报酬。[①] 自从这个见解在我们的党里面更加开展了以后，还要倒退到拉萨尔底教义上去；虽然他们知道拉萨尔不懂得什么是工钱，而只跟在资产阶级经济学家背后拿表象当作事物的本质。

这好像在已经发觉了奴隶制度底秘密而反抗起来的奴隶们里面，有一个受旧思想束缚住的奴隶在起义底纲领上写道：奴隶制度必须废止，因为在奴隶制度内奴隶底给养不能越过一定的低劣的最大限度！

我们党底代表们对那广布在党员大众中的见解竟敢做出这样巨大的暗

---

① 恩格斯在他的著作《英国工人阶级的现状》里头描写了资本家的工钱奴隶如下："工人在法律上，在实际上，都是财产占有阶级的资产阶级的奴隶：实足是一个奴隶，实足到他好像一个物品可以贩卖，价格或涨或落，像商品一样。倘若市场上对工人的需要增加，工人的价格就涨起来，倘需要低落，则价格也低落下去。倘工人的价格低落得太厉害，低落到一批工人卖不出去的话，倘他们像资本家所说'放在囤仓里'，那就是说他们闲散着，失业着；又因为闲散不能过活，所以他们只好饿死。工钱奴隶和旧时明打明的奴隶之间只有一个分别，就是今天的工人好像是自由的，因为他并不一次交割地整个出卖本身，而是一点一点出卖，一天一天，一星期一星期，一年一年出卖；又因为他没有任何所有人来出卖他给别人，反而因为他不是那一个个人的，而是整个财产占有阶级的奴隶，所以他只好这样贩卖他自己。替他着想，实际情形基本上毫无变化，并且倘若这个表面上的自由在一方面也多少拿了一点现实的自由给他，但在另一方面，他也遭受了没有任何人来保障他的生存的这样一个不利，换言之，他时时刻刻有被主人即资产阶级拒绝于门外弄到饿死的危险。总之，倘若资产阶级已经没有兴致来雇用他，他的生存马上就成问题。反之，资产阶级却不同，他们在这样一个社会秩序里头比在旧时奴隶制度里头好得多。他们可以随便开除雇用人员而不必牺牲一点投下资本，并且正如亚当·斯密很安慰地指出过，他们可以获得非常便宜的劳动力，要比奴隶劳动便宜得多。"

害，这个单纯的事实不只证明他们是以何等罪过的大意和何等的无知去进行草拟这种妥协纲领！

用不着本条的那个不明确的话“消除一切社会的政治的不平等”。应该说“随着阶级差别底废止，一切由此而生的社会的政治的不平等也就自己消失了。”

3

德国工党，为了开拓社会问题底解决途径，要求以国家底协助来在劳动人民之民主的监督下设立生产合作社。这生产合作社应当对于工业和农业在这样的范围内成立，以便全部劳动之社会主义的组织从它里面成立起来。

拉萨尔底“工钱铁则”之后还有预言者底救世良方。它是在威严的方式里“开拓”的。在存在着的阶级斗争底地位上出现了新闻记者底术语：“社会问题”，有人“开拓”这问题的“解决”不是从社会之革命的改变过程中，而是从国家拿给生产合作社的“国家协助”里面诞生出“全部劳动底社会主义组织”，并且这种生产合作社是国家而不是工人叫它“成立”的。说能够拿国家公债来像建设一条新铁路一样去建设一个新社会，这真不愧为拉萨尔的幻想。

从羞耻底一种残余中把“国家协助”放在“劳动人民底民主的监督之下”。

第一，德国的“劳动人民”大多数是由农民而不是由无产者形成的。

第二，“民主的”在德文里面是“人民统治的”。但是什么是“劳动人民统治的监督呢”？何况这些劳动人民通过这些向国家提出的要求来说明他们充分的自觉，既没有统治，也没有成熟到统治的地步！

这儿来批评路易·菲利普[①]时代蒲赛[②]为反对法国社会主义者们所写成的而由《作坊》[③]派的反动工人所采用的药方是多余的。主要的过失不在于他们在纲领里写了这个特殊的秘方，而是他们根本从阶级运动底立场上倒退到宗派运动底立场上去。

工人们要求把合作社的生产底条件在社会的首先是在本国的规模上建立起来，那末，这只是说他们想努力现在的生产条件底改革，是与以国家底协助来建立合作社毫无相同之处。关于现在的合作社，只有它是独立的不受国家以及资产阶级保护的工人创造物的时候才具有价值。

4

现在我们论到民主的一章。

1. 国家之自由的基础。

照第二章所说，德国工党争取“自由国家”。

自由国家——这是什么呢？

把国家弄成自由的，这绝不是从那受束缚的隶从思想里解放了出来的工人底目的。在德意志帝国里面“国家”差不多和在俄国一样“自由”。

① 路易·菲利普（一七七三年——八五〇年）法国“七月君主国”时代的皇帝。一八三〇年的七月的革命，给他乘机做了皇帝，一八四八年的二月革命，结束了他的统治。

② 蒲赛（一七九六年——八六五年），法国历史家和著作家，在十九世纪四十年代，他是法国旧教“社会主义”运动的领导者，他要求拿国家补助来建立生产合作社，作为斗争手段，来对付当时生长起来的革命运动。

③ 《作坊》(*Atelier*)，法国（巴黎）的第一个工人刊物（月刊），这个刊物的同事和编辑完全是工人（一八四〇年——八四八年）。《作坊》派的集团，站在蒲赛的反动旧教社会主义的影响之下，在政治上，这派支持资产阶级的急进派。

自由是在于把国家由超过社会的变成服属社会的机关，就是今天种种国家形态较自由或较不自由，是看这些形态限制“国家底自由”的程度。

德国工党——至少，如果它把这个当作它的纲领——表示了社会主义的思想在它里面一点也没有超过肤浅的程度。他们不把现存的社会（将来的每一个社会也一样）当作现存的国家底基础（或者不把未来社会当作未来国家底基础）看，反而把国家看作一个独立的实体，具有他自己的精神的、道德的以及自由的基础。

加以纲领所用的“今天的国家”“今天的社会”等字句之荒谬的滥用，尤其对于它向之提出要求的那个国家，更是荒谬的误解。

“今天的社会”是资本主义社会，它是在一切文明国家里存在着，它是或多或少地脱离了中世纪的附属物，或多或少地因各国特殊的历史发展而改变着，或多或少地发展着。相反地，“今天的国家”跟着国境而变迁着。国家在普鲁士德意志帝国和在瑞士国度里不同，在英国和在美国里面不同。那末“今天的国家”是一个虚构。

不过各个不同的文明国度之不同的国家，尽管有种种形态的差别，但还是有着共同之点，即它们都站在或多或少发展了资本主义的现代资产阶级社会之地基上。因此，它们也有着某种的共同的根本性质。在这个意义之下可以谈论“今天的国家组织”和将来相反，那时它的今天的根基，即资产阶级社会，是已死灭了。

那末要问：这国家组织将来在共产主义社会里会经历怎样一种变化呢？换句话说，哪一些社会机能在哪儿余留下来而和今天的国家机能相类似呢？这个问题只能是科学地来回答，尽管人民这个词与国家这个词经过千重的凑合也不能些许地接近这个问题。

在资本主义社会和社会主义社会之间有着一个从前者转变到后者之革

命的转变时期，也有一个政治上的过渡时期来适合着它，这时的国家不是别的，而是无产阶级底革命专政。①

这个纲领，既与无产阶级底革命专政无关，也与共产主义社会之未来的国家组织无关。②

它的政治要求，不过是陈旧的世人皆知的民主主义的祷告：普选权、直接立法权、人民权利、人民武装等。③ 这些只是资产阶级的人民党④ 及“和

---

① “至今——列宁在一九一六年秋关于这个题旨写道——这个题旨，对于社会主义者是被认为不可争论的真理的。在这个题旨里面含有国家的承认只要胜利的社会主义还有一天没有生长到完全的共产主义。”（《列宁全集》第十九卷二八九页）叛徒考茨基在一九二二年把马克思的这个题旨，改变了花样如下：在纯市绅阶级和纯无产阶级所支配的国家之间，有一个由这一个到那一个的转变的时期，适合这个时期也有一个政治的过渡时期，这时期的政府在通则上会形成一个联合政府的形态（考茨基：《无产阶级革命及其纲领》，一九二二年，一〇六页）。这样考茨基制造了一座桥梁，以备社会民主主义过渡到社会法西斯主义。

② 列宁在他的“关于《哥达纲领批判》笔记”里面，关于这点加了下述的一个意见：“这是一个责难，这是明明白白的。这个责难从下述一段文章里看得出来，这个纲领一味从事于陈旧的民主主义的祷告，并没有想到无产阶级革命专政以及共产社会里的国家问题。”

③ 从略。

④ 德国人民党或民主党建立于一八六五年九月，改组于一八六八年九月之党大会。该党是德国尤其南部各中小邦国的反政府并且一部分赞成革命的小资产阶级政党。该党提出了建立德意志民主共和国的口号来反对俾斯麦的把整个德国统一在普鲁士君主专制和封建贵族的霸权之下的统一政策。该党和国际的“自由和平同盟”有密切联络，并且竭力想在工人里面得到势力。也促成了各种工人教育会，并且在“德国工人联合会”周年大会里起了领导作用。差不多完全由工人联合会的会员组织起来的萨克逊的人民党组织，是李卜克内西和倍倍尔的根据点，他们两个就在人民党的范围内号召了独立工人政党的建立。后来在马克思和恩格斯的推动之下，李卜克内西和倍倍尔两人在一八六八年九月在德国的工人联合会纽仑倍尔西大会上通过了工人联合会加入第一国际的议案。又在一年以后，即在一八六九年八月的工人联合会的大会上创立了一个社会民主的工人政党。于是人民党对工人的影响顿时消失了。

平自由同盟”之单纯的反响。

这些要求，只要不在空想里过分夸大，是早已实现了的。不过，实现了这些要求的国家不在德意志帝国的国境里而是在瑞士、美国等。这种“未来的国家”是一个今天的国家，虽然是在德意志帝国的“范围”以外存在着。

但是忘记了一件事情。因为德国工党明确声明，要在“今天的民族国家内”，那末是在它的国家内即在普鲁士德意志帝国内进行运动——否则，它的许多要求也就大部分无意义了，因为人只要求他所没有的——那末，它就不应该忘记一件主要的事情，就是说一切美丽的小玩意都寄托在所谓人民主权底承认上，所以只有在一个民主共和国内部这些东西才适合。

因为没有勇气——并且因为情况要求谨慎——要求民主共和国，如像法国工人纲领在路易·菲利普和拿破仑[①]第三的统治之下所做的那样——这样就不该逃避到既不名誉也无价值的口实里面去，向一个拿议会的形式粉饰门面、和封建残余混在一起、已经受到资产阶级的影响、官僚主义地组成的用警察来保卫的军事专制主义的国家，[②]要求只在民主共和国里面才有意义的事物，并且还要对这种国家宣誓，妄想能够用“合法的手段”向它强求这些。

---

① 指的是拿破仑第三——法国皇帝（一八五一年——一八七〇年）。

② 提到马克思关于新阿亨措仑日耳曼帝国宪法的这个批判，列宁在一九一五年写道：“马克思估计这个‘德意志宪法’之现实的本质要比数百个歌颂‘法治国家’的资产阶级的教授们、著作家们更深刻到万倍，他们这批教授和著作家在那批德国的恩主的成绩和胜利面前只好五体投地在地上爬。马克思估计某个政治之阶级的本质之际，不让既存的琐碎事件来引导他，反而让国际民主运动和国际工人运动的总经验来引导他。”

就是把民主共和国当作千年王国看，但万万想不到恰恰在资产阶级社会这种最后的国家形态里面阶级斗争要彻底决斗的庸俗民主派，就是他们比那种在警察许可而逻辑上不许可之内的民主派要高得多。[①]

事实上，他们把“国家”理解为政府机器，或者是把国家看作一个由于分工而离开社会的特殊有机体，这个已由下面的句子表示出来：“德国工党要求唯一的累进的所得税作为国家底经济基础等。”赋税只是政府机器底经济基础，而不是任何其他东西的基础。在瑞士存在着的未来国家里这些要求已经差不多实现了。所得税要以各个不同的社会阶级之各个不同的所得来源作前提，那末是以资本主义社会作前提的。所以利物浦的财政改革论者——以格拉斯东[②]的兄弟为首的资产者——提出和这个纲领相同的要求，是没有什么奇怪的。

2. 德国工党要求下列各项作为国家之精神的道德基础：

第一，由国家实施一般的平等的国民教育？一般入学义务，免费教育。

平等的国民教育？他们在这些字句里想象些什么？难道他们相信在今天的社会里教育对于一切阶级都能够平等吗？或者他们要求上层阶级也勉强把它的教育程度还原到最低教育——国民小学（只有这种最低教育才和不单工钱劳动者们甚而农民们的经济关系相适合）吗？

① 在他的“关于‘哥达纲领批判’的笔记”里面，列宁加了下述一个意见：在这些话里面，马克思，好似早已看出考茨基根性的整个陈腐。

② 威廉·格拉斯东（William Gladstone，一八〇九年——一八九八年），十九世纪后半期的英国自由党的著名首相。此地所提的是他的兄弟劳勃生·格拉斯东（一八〇五年——一八七五年），利物浦的大商人。自由党竭力宣传累进所得税，尤其主张要课加在大地主身上。

“一般的入学义务，免费教育。”第一个要求就在德国也已存在着，第二个要求在瑞士和美国的国民学校里实施着。如果在美国的几个省份里也有些较高的教育机关是免费的，这不过是在事实上从一般的税收里代上层各阶级支付他们的教育经费而已。附带地这也适用于“A组第五项所要求的免费裁判”。刑事裁判到处都是免费的；民事裁判差不多只是为财产底争执，那末差不多只是涉及占有者阶级。那末他们是要以国民钱囊来负担他们的诉讼费吗？

关于学校那一段至少应该把专门学校（理论的实践）与国民学校联系起来要求。

“由国家实施国民教育”这一条是应完全抛弃的。

用一般法律来确定小学底经费、教育人员底质量、教授底部门等，以及像美国所实行的用国家监督人来监督这些法律规定底实施，是一件事，指定国家为国民教育者是另外一件事！相反地，应该把政府和教会同样地从对于学校的任何影响中排斥出去。在普鲁士德意志帝国内，国家需要反过来由人民给它以严厉的教育（并且他们用“所讨论的是一种‘未来国家’”那种腐臭的遁辞是无所裨助的，我们已经看到是怎样一种事态了）。

整个纲领，尽管它有一切民主的声响，完全由拉萨尔派对国家的隶属信仰所传染了，或者，也不更好些，给民主的神秘信仰所传染了，或者毋宁说这个纲领是两种和社会主义隔离同样远的神秘信仰之一种妥协。

“科学的自由”在普鲁士宪法的一条里已经有了，那末，这儿为什么还要提及呢！

“意识自由”如果他们在这个文化斗争[1]的时候，使自由主义想起它以前的口号，那末，它只能在这样的形态里实现出来：每一个人都应该能够实现他的宗教的以及肉体的需要，无须警察干涉。但是工人政党应该乘此机会说出它关于这个问题的自觉，资产阶级的“意识自由”除了容忍一切可能种类的宗教的意识自由之外，就没有其他的东西，而相反地工党是要力图把意识从宗教的妖氛中解放出来。[2]然而他们情愿不超过这个“资产阶级的”水准。

现在我就要结束了，因为附随在纲领里的附录[3]并不形成纲领底特征的构成部分。所以我在这儿很简单地概括之。

第二，标准劳动日。

没有哪一国的工人政党会限制在这样一个模糊的要求上，而是经常地确定劳动日之在一定的情形之下它所认为正常的长度。

第三，限制妇女劳动和禁止童工。

劳动日底标准，凡关于劳动日底时间和休息等问题，应该包括妇女劳动底限制，否则，妇女劳动底限制只能表示从某些特别有害妇女健康或有伤女性风化的劳动部门中排除妇女劳动而已。如果想到这点，那末就应该

---

① “文化斗争——列宁写道——就是俾斯麦在七十年代用警察迫害德国旧教政党‘中央党’的一个斗争。经过这个斗争，俾斯麦只有加强了旧教的战斗的僧侣主义，只有危害了现实的文化事业；因为他不把政治的分派、把宗教的分派推到历史的舞台的前面，来借此引诱工人阶级的某些成分和民主运动的注意力离开阶级斗争和革命斗争的迫切任务，而转移到完全浮表的、虚伪的、市绅的反僧侣运动上去。”（见列宁：《论宗教》）

② 参照列宁（一九〇七年）说：“工人政党虽在对国家的关系上把宗教当作私事看，但在工人政党自己，对马克思主义的关系上，不把宗教当作私事看。”

③ 这个附录，已包含一些在今天的社会里面对抗资本势力保护工人阶级的要求。第一点是要求集会完全自由。关于这点，马克思没有论评（因为这是已经成为常识的一个要求）。

说出来。

“禁止童工！”此地绝对需要指明年龄底限度。一般性的禁止童工是和大工业底存在不相融的，所以只是空洞愚蠢的希望。

一般性的禁止童工之实施——即使可能——会是反动的，因为在按照各种年龄阶段与根据其他保护儿童的方策来严格规定劳动时间的时候，生产劳动和教育之早期的结合是今天的社会底强有力的变革手段之一。

第四，工厂工业、作坊工业和家庭工业之国家监督。

对于普鲁士德意志国家还要切实要求检察员只能经过司法来罢免，每个工人都能够向法庭告发检察员底违反职务，检察员必须是医师出身。

第五，监狱劳动底规定。

在一个一般的工人纲领里面是一个细微的要求。无论如何应该明白说出不容许拿侮蔑心理去虐待一般犯人像牧畜一样，而来斩断他们唯一的愉快手段之生产劳动，这是应该从社会主义者手里期望得到的最低限度。

第六，有效的保护法。[①]

应该指出“有效的”保护法是什么意思。

顺便讲一讲，他们论标准劳动日之际忽略了工厂法之关于工厂卫生的预防危险的保护方法等那一部分。一旦这些律条遭到违反的时候，“有效的保护法”应发挥作用。

简言之，就是这个附录也表明是在不确切的校阅中而成的。

“我讲了，我的精神得救了。”（这是说我的义务完成了）

---

① 就是说在意外事件勃发之际和在有害健康的企业里面对工人的康健和生命应负责任。

马克思、恩格斯关于
哥达纲领的通讯

恩格斯给倍倍尔的信

亲爱的倍倍尔[①]！

我接到了你三月二十三日的信，并且很欣慰你的身体健康。

你问我，我们对于合并的经过取什么态度。可惜我们所处的境地和你的一样。李卜克内西以及其他人都没有一点消息寄给我们。因此，直到大约八日前到来了纲领草案之前，我们所知道的也只是报纸上所登载的而已，而且报纸上也没有登载什么。这个草案实在使我们大吃一惊。

我们的党屡次伸手向拉萨尔派要求和好或者至少要求合作并且屡次遭哈仁克勒夫、哈塞尔曼和透尔格[②]等人那样侮蔑的拒绝，每个小孩都应该

① 倍倍尔（一八四〇年—一九一三年）——十九世纪后半叶和二十世纪初期国际工人运动的最出色的代表，德国社会民主党和第二国际的创立人和领导人。他的职业是旋盘工。他活动在列宁所谓“由无产者们的阶级团结起来产生并加强社会主义大众政党的时代”。在马克思和恩格斯有力影响之下，倍倍尔得到他们两人很多的帮助和支持，犯了理论上、策略上机会主义的错误，得到他们两人的指摘和批评，这样才能打下一个工人大众政党的基础。自从一八九五年恩格斯死后，在帝国主义时代的独立条件之下，倍倍尔已经不站在革命无产阶级领袖的地位上了。他虽然严厉反对伯因斯坦的公然的机会主义。这个中间派倾向也自己表现在他和布尔塞维主义的关系里头，在他和考茨基以及其他等等人物合起来想融化布尔塞维主义在孟塞维克主义里头的努力之中。

② 哈仁克勒夫（W.Hasenclever）、哈赛尔曼（W.Hasselmann）和透尔格（W.Tolcke）三人是拉萨尔派的三个著名领袖。第一个是从一八七一年到一八七五年间党的主席，和爱森拉赫党合并之后他兼任了很多重要职务，但表演不出领导的作用来，到一八八九年死了。第二个在俾斯麦社会主义者法令的时代是无政府主义者，后在一八八〇年被逐出党外。第三个透尔格（一八一七年—一八九三年）到老死为止继续留在德国社会民主党的队伍里没有离开。（转下页）

从此得到这样一个结论：就是如果这批先生们亲自来要求和好，那他们一定是处于绝境了。论到这些人们底世人皆知的性格，那末，我们的责任，就是利用这种绝境以取得一切可能的保障，使那些人们不能够损害我们的党而恢复他们在公开的工人思想里而已经动摇的地位。我们正应该拿极冷淡的不信任的态度去对待他们：并且合并底问题要看他们准备放弃他们宗派口号和国家辅助到什么程度以及根本上采用一八六九年的“爱森拉赫纲领”[①]或者这个纲领之合乎今日需要的修正案到什么程度而定。我们的党在理论方面，即是在对于纲领之最主要方面绝对不能向拉萨尔派学习。然而，拉萨尔派倒可以向我们的党学习。合并底第一个条件是他们必须停止为宗派者，即停止为拉萨尔派，那末，他们首先把那所谓“国家辅助”这救世灵丹即使不完全放弃但无论如何要把它当作一个附属的过渡办法来承认放在其他许多可能的办法之下或者并排在一起。

纲领草案证明我们的人们在理论上要比拉萨尔派底领袖们高超百倍——而他们在政治的敏锐性上亦很少增加。“诚实者”[②]又一次给不诚实者粗暴地欺凌了。

第一，接受了拉萨尔派吹得震天响但在历史事实上错误的语句：“和工人阶级对立的所有其他的阶级只是一个反动的集团。”这个命题只在个别的例外场合里是真实的，例如在巴黎公社那样的无产阶级底革命里面，或者在一个不但资产阶级已经把国家和社会按照它的意向来铸成，并且民主的小资产阶级层也跟着资产阶级彻底实行了这种改造的国度里是真实的。

（接上页）合并之后在领导上没有表演出什么重要的作用来。

① 李卜克内西和倍倍尔所领导的德国社会民主工党的纲领，是在一八六九年八月爱森拉赫（地名）的成立大会上正式通过的（爱森拉赫党）。

② 指爱森拉赫党员。

例如在德国，如果民主的小资产阶级属于反动的集团，那末，社会民主工党怎能和人民党[1]携手合作了那么多年？《人民国家》[2]怎能接受小资产阶级民主派的《弗兰克府报》[3]之差不多全部的政治内容？并且怎能采纳不下于七个之多的要求——这些要求是直接地而且字句上都符合人民党和小资产阶级民主派底纲领的——到这同一的纲领里来呢？我说的七个要求是从一到五以及从Ⅰ到Ⅱ，其中没有一个不是资产阶级民主主义的。

第二，工人运动国际性底原则今天在实践上已遭完全否认了，并且是被那些五年来在最困难情况下以最光荣的方式高举这个原则的人们来否认的。所以德国工人底地位在欧洲运动之前，根本上是基于他们在战争期间的真正的国际态度之上的；没有其他的无产阶级表现得这样好。[4]然而，现在这个原则正值在外国工人们到处在同一程度上强调这个原则以及各国政府也在同一程度上竭力镇压想在组织活动里实现这个原则的任何企图的时候，这个原则竟被他们否认了！那末，从工人运动底国际主义上剩下来的还有什么？黯淡的展望——不曾一次地看到欧洲工人们为他们的解放之今后的共同努力——不，只望到将来的国际的民族团结——只望到和平同盟

---

① 爱森拉赫党在一八七一年之后还仍旧和“人民党”的左派保持着政治接触（“人民党”左派领袖是耶考皮是一个对俾斯麦帝国抱敌意的老民主派和共和主义者），当接触之际，爱森拉赫派的领袖李卜克内西不懂得划开一条充分锐利的界线，不懂得揭露一方面小市绅民主主义的反对派的政策和另一方面无产阶级社会主义的政党的革命政策之间的根本区别。马克思和恩格斯常常斥责李卜克内西的这种右倾机会主义的错误是帮助了拉萨尔派。

② 《人民国家》是爱森拉赫党在一八七〇年到一八七六年间的中央机关报，在莱伯齐西城每星期发行两次，这个刊物的编辑人是李卜克内西。

③ 《弗兰克府报》当时是德国南部的小市绅民主派的机关报，是一个反政府的日报，它在工人问题上代表社会改良主义的立场。

④ 关于对一八七〇——一八七一年普法战争德国社会民主党所取态度，见第一国际总评议会的由马克思拟成的两个关于普法战争的呼吁。

的资产阶级之“欧洲联邦”！

当然一点也用不着说第一国际是这样的。但是至少不该比一八六九年的纲领倒退，也不应该说。虽然德国工党首先在它所处的国境之内活动（它没有权力用欧洲无产阶级底名义来讲话，尤其不应讲错），但它意识到它和各国工人的连带关系并且经常准备着，如过去以及在将来，履行这个连带关系所课加在它身上的义务。这种义务即使不直接宣布或承认为“国际”底一部分也仍是存在着的，例如，救济阻止罢工里面的捣乱，党机关报上报告外国运动与德国工人反对恫吓着的或正值爆发的内阁战争的鼓动，像在一八七〇——一八七一年所实行之模范作用的态度等。

第三，我们的人们让拉萨尔底“工钱铁则”①横加在他们头上，“工钱铁则”是基于一个完全陈腐了的经济见解之上的，就是说：工人平均只得到工钱底最低额，因为根据马尔萨斯人口论，工人总是过多的（这就是拉萨尔底论证）。但马克思已在《资本论》里详细指出，那支配工钱的法则是很复杂的。跟着各种情况，一时这个因素一时那个因素重要些，那末，这个法则决计不是铁的，而是很有伸缩性的，所以不像拉萨尔所想象的那样用三言两语便可了结的。拉萨尔从马尔萨斯和李嘉图那儿抄袭来的（并且篡改了后者）那个法则底马尔萨斯论据，例如拉萨尔的《工人读本》第五页从拉萨尔另外一本小册子②里引用过来的，已被马克思在“资本底积蓄过程”（见《资本论》第一卷二十三章）那章里面批驳得很详细。那末，因接受了拉萨尔底铁则之故，他们已走向一个错误的命题以及

① 从略。

② 拉萨尔在弗兰克府在一八六三年五月十七和十九两日举行的两个演说，由德国工人总会用《工人读本》的标题来发表了，恩格斯暗指着第一个演说里的一段。这个演说是由拉萨尔亲自给他自己的《公开的书面答复中央委员会为召集全德国工人大会于莱伯齐西城事》（秋里希，一八六三年版）那个小册子里抄来的。

他的错误根据。

第四，纲领提出了拉萨尔之极露骨方式的“国家辅助”当作唯一的社会要求，正像拉萨尔从蒲塞那儿所剽窃来的“国家辅助”一样。而这是在白拉克很详善地指出了这个要求的全部无用之后；这是在差不多一切人（不需要我们党底一切演讲人都出来在反对拉萨尔派的斗争中）反对这种“国家辅助”以后！我们的党不能再更低深地服从了。国际主义向亚曼·葛格[①]去低头，社会主义向资产阶级共和主义者蒲塞去低头，而蒲塞是准对着社会主义者提出这个要求以便排挤他们的！

即在最好的场合内拉萨尔派所谓“国家辅助”在许多其他的方法内不过只是一个唯一的办法，来达到这儿用麻痹字句说出的那个目的：“为欲开拓社会问题底解决”，好似对于我们还有一个理论上没有解决的社会问题的样子！那末，如果有人说：“德国工党力图经过在工业上、农业上以及在全国规范上实行合作社的生产，以废除工钱劳动以及阶级差别。它拥护一切真正能达到这个目标的办法！——这样拉萨尔派是不会有一点反对的。”

第五，关于工人阶级通过工会组成为一个阶级的这件事情，一句话也没有提到。而这是一个根本的要点，因为这是无产阶级底固有的阶级组织，在这里面无产阶级实行着它和资本的日常斗争，在这里面无产阶级训练自己，这个组织到今天，就像现在巴黎那样处在最恶劣的反动情形之下也不能完全破坏。在这个组织在德国也已经达到了的重要性上，我们以为在纲领里指出它的重要性并且在党的组织里公开给它尽可能留下一个地位

① 亚曼·葛格（Amand Gogg，一八二〇年——一八九七年），巴登出身的小市绅民主主义者，一八四八年和一八四九年革命的参加人，到六十年代开始宣传和平主义，成为市绅和平自由会的领袖之一。

是绝对必要的。

我们的人们把这一切都讨好于拉萨尔派了。那末，什么是对方的报答呢？在纲领里列举了一堆相当模糊的纯民主主义的要求，其中多数是纯粹的时髦物，例如，所谓“人民立法”，这在瑞士已经有了，如果它一般地能做些什么，那末它所做的是害多益少。人民管理，这还有点意思。同样缺乏着一切自由底第一个条件：一切公务员对于他们的一切职务行为应向每一个国民在普通法庭前按照公法来负责的。关于在任何资产阶级自由主义的纲领里列举的而在这个纲领里不免奇异的要求，如“科学自由”“意识自由”，我不想再说下去。

自由的人民国家改变为自由的国家。照文法来讲，一个自由的国家是这样一个国家，即对于它的公民是自由的，那末是一个具有专制政府的国家。应该取消一切关于国家的空缺，尤其从巴黎公社以来，公社早已不是原来意思的国家了。“人民国家”是无政府主义者很讨厌地诬责我们的，不顾马克思之反蒲鲁东[①]的著作以及后来《共产党

① 蒲鲁东（一八〇八年——一八六五年），小资产者的理论家，见《共产党宣言》第三章，又见列宁的《民族问题的批判笔记》：不想毁灭资本主义及其基础的商品生产，反而要纯化这个基础，使它不被乱用而生阻障；不想毁灭交换和变换价值，反而想“制定”交换和交换偿值，想把弄成普遍的绝对的“正当的”自由的不受涨落、恐慌、乱用等拘束的东西——这是蒲鲁东的思想。蒲鲁东承认无产阶级有组织的必要。但只承认一切合作社的组织形态。这可以说想背着资本主义而偷偷建立社会主义。否认无产阶级参加政治斗争的必要。蒲鲁东变了和平无政府主义的理论家。蒲鲁东主义在第一国际时代有巨大影响。在拉丁语系的小生产还盛行于国民经济的一些国度的工人运动上，（转下页）（接上页）马克思和恩格斯的及反蒲鲁东的斗争在第一国际内部得了胜利。反对蒲鲁东的马克思的著作出版于一八四七年，用法文写成，它的标题是《哲学的贫困》。（转下页）

宣言》[①] 都早曾直接说过：跟着社会主义社会秩序底实现，国家会自行解体与消失。因为国家只是一个过渡的制度，在斗争中，在革命中可用以强力镇压它的敌人，所以“自由的人民国家”是纯粹的胡说：只要无产阶级还在使用国家，它不是为了自由底兴味来使用它，而是为了镇压它的敌人，如果能够说到自由的时候，那末，国家就会停止其为国家了。[②] 所以我们提议到处用德文的公共组织（Gemeinwesen）来代替“国家”，这一个好

（接上页）恩格斯所指的那段文字是这样的：“工人阶级将在发展的过程中建立一个新社会，在旧来的资产者社会的地位上这个社会除去着阶级和阶级对立，并且那儿不会再有原来的政治、权力，因为政治权力就是资产者社会内部阶级对立的公然表现。”

① 从略。

② 我们从恩格斯在一八八三年四月十八日写给美国社会主义者樊伯登（Van Patten）的一封信里引出一段他关于国家的死灭和无产阶级的专政所表白而被遗忘了的意见：马克思和我从一八四五年以来有了这样一个意见：就是将来无产阶级革命的最终结果之一，是具有国家这个名称的政治组织之逐渐解体并结局消灭。这个组织的主要目的一向是由私占财富的少数用武力来保障在经济上压迫大多数。私占财富的少数一旦消灭，同时武装的镇压力量，即国家武力也就跟着消灭。然而，下述一个见解同时也始终是我们的见解：为欲达到将来社会革命的这个以及其他更重要的目的起见，工人阶级首先必须把国家的组织了的政治武力拿在手里，并用国家的政治武力去粉碎资本家阶级的反抗并重新组织社会，这点，在一八四七年的《共产党宣言》第二章的结语里可以看到。无政府主义者们把事物颠倒了，他们声明：无产阶级革命必须从国家的政治组织的废止来着手开始。然而，无产阶级在它的胜利之后拿到的唯一的组织，恰恰就是国家。这国家当然必须经过一番重大的改变然后它才能尽它的职务。但倘在这样重要的瞬间把国家破坏，这就算是破坏了唯一的机构，利用这个机构，胜利的无产阶级可以发挥它才刚到手的权力，可以打倒它的资产阶级敌人，可以贯彻社会的经济革命，没有这个革命，整个胜利必定会终于新的失败，工人们要被大量地屠（转下页）
（接上页）杀，好似巴黎公社失败之后那种屠杀一样。

的德意志古字，能够很好地代表法文的公社（Kommune）。[①]

“废除一切社会的政治的不平等”来代替“取消一切阶级差别”那句话，也是很值得考虑的语句。随便哪国，随便哪一省，随便哪个地方，总是存在着生活条件底某种不平等。我们可以把它减少到最小限度，却不能完全除去。亚尔波斯山里的居民与平原上的居民总是有着另外的生活条件。把社会主义社会当作平等底国度的观念是一种法兰西的片面的观念，是依据着陈旧的“自由平等博爱”的意思，这个观念被视为那个时代和那个地域底发展阶段是正当的，不过这种观念像一切以前的社会主义派别底片面性一样，现在应当克服下去，因为这些只能惹起头脑中的混乱，并且现在已经找到了事物之精确的表现方式。

我停止吧，虽然这个编得这样干燥无力的纲领差不多每一句都应当批评的。是这样的，如果这个纲领被采用了，马克思和我永不能承认在这个纲领底基础上所建立的新党，并且我们不得不严重考虑我们对于它应该采取什么态度——而且也要公开的[②]去对付这个新党。你想想看，在外国有人把德国社会民主工党底每个表示与行动都责成我们两个负责的。巴枯宁在他的著作《政治和无政府》里就是这样做的，那儿凡是李卜克内

① 列宁特别标明恩格斯的这封信的这一段当作马克思和恩格斯的思想里面确实最值得注意，而且大致最锐利的部分对向着国家。再往前去列宁又简单明了地列出了马克思恩格斯关于国家的根本思想的八点。

② 为什么这个纲领被采用之后马克思和恩格斯没有进一步公然反对这个机会主义的纲领呢？这一点在恩格斯给白拉克的信（一八七五年十月十一日）里可以找到说明。

西[①]自从《民主周刊》[②]创办以来所说所写的不假思索的一切语句都要我们

① 李卜克内西和倍倍尔是爱森拉赫党即德国社会民主工党（因该党在一八六九年八月在爱森拉赫地方举行了成立大会，通过了所谓“爱森拉赫纲领”，因此就有爱森拉赫党名称）的领袖，今将李卜克内西身世叙述如下（倍倍尔身世见前）：

李卜克内西（一八二六年——一九〇〇年），十九世纪后半叶德国以至国际工人运动的著名人物。他当作南部德意志民主党的一员参加了一八四八——一八四九年的革命。在五十年代亡命于伦敦，遂在马克思的影响之下变成社会主义者了。在一八六八年到一八六九年他和倍倍尔一起创立了德国社会民主工党（即爱森拉赫党）并进行了有劲地鼓动，期望用革命的方法来造成德国的统一，但往往自陷于“亲奥倾向”，并且拥护“分离主义”。他推行了一个斗争去反对了拉萨尔派。在普法战争期间他表明了革命的国际主义的立场。在几十年之中，他曾做过党机关报的总编辑，做过党的执行委员，做过国会代表等。李卜克内西的鼓动用他的阶级斗争的宣传来影响了无产阶级的大众，并灌输了对资本主义体制的仇恨到无产阶级中去。在《什么东西应该干？》（一九〇二年）这本书里列宁说他是“民众论坛”的一个典型。当作一个政党的领袖他犯了一些严重的机会主义的错误，这些错误的根源埋伏在他的非辩证法的思维方式和重视庸俗民主主义的他的倾向里。李卜克内西首先要对一八七五年即哥达合并当时爱森拉赫党的严重的理论上和策略上的错误负责，也要对俾斯麦的社会主义者法令实施以后直接发生的糊涂事负责。在一八八五年关于轮船公司的补助金应否投票赞成的问题党内发生争论的时候，他采取了妥协调和的态度。他往往和倍倍尔背道而驰，然而，倍倍尔的态度——在恩格斯的领导之下——在某些问题上要更正确些。推行了反统治阶级斗争和反政府斗争的李卜克内西在一八七二年曾亲自说过他是“革命的一个士兵”，但同时他往往宣传拉萨尔的和平的“文化”革命的思想，否定暴力在社会主义革命中的演役。虽然如此，他的革命热情流露在他的鼓动活动中，紧紧地把他联系在工人阶级的运动的革命方面，直到临终他仍旧是米勒关（Millerand）、伯因斯坦一类的机会主义者的反对派。在李卜克内西的小册子《没有妥协余地》（一八九九年）的俄文译本的序文中，列宁特别标明李卜克内西在和反政府的资产阶级各政党订立协定的问题上所用策略是革命策略的模范，和孟塞维克的策略恰恰相反。

② 《民主周刊》——爱森拉赫党在它和小市绅急进萨克森人民党分裂之前的机关报。在李卜克内西的编辑之下，在一八六三年至一八六九年之间发行于莱伯齐西城。

承认。人家在猜想着，我们从此地指使着整个事件，不过你们一定像我一样知道，我们差不多从来没有干涉党内事件，只有我们认为对于错误处置得不彻底时，然而也限于理论上的错误，我们依据着可能重新改正之。但是你可以理解到，这个纲领形成了一个转点，这个转点很容易逼迫我们拒绝对于承认这个纲领的政党的一切责任。

一般来讲一个政党底正式纲领不比它实际做的重要。但是一个新的纲领究竟总是一面公然树起来的旗帜，而且外界也根据纲领来判断这个政党。所以这个纲领与“爱森拉赫纲领”相比，不能退步。应该想一想，别国的工人们对于这个纲领将会说些什么：整个德国社会主义无产阶级在拉萨尔派面前的屈膝会造成一种什么印象。

同时我深信，在这样一个基础上的合并将不会继续到一年之久。难道我们党底优秀分子还参与吟奏那背诵熟了的拉萨尔关于“工钱铁则”以及“国家辅助”的命题吗？我愿意譬如叫你试试看！如果他们做的话，他们的听众将会把他们吁出去。我相信拉萨尔派恰恰固执于纲领底这些章段上，如像犹太人史洛克[①]坚持他那一磅肉一样。分裂将会到来的；不过我们又会替哈塞尔曼、哈仁克勒夫和透尔格及其同党们“抬高声价”；在分裂中，我们将会削弱些，而拉萨尔派会强大些；我们的党将会丧失其政治上的纯洁并且再也不能反对拉萨尔底赘言，因为我们一时期曾自己把这些赘言写在旗帜上；并且如果拉萨尔派以后再说道：他们是本来的唯一的工人的政党，而我们的人是布尔乔亚，那末，这个纲领就可以为之证明。纲领里面一切社会主义的办法都是他们的，至于我们的党除了小资产阶级民主主义底诸要求之外，没有添加任何东西，而这小资产阶级民主主义也被

① 莎士比亚的《威尼斯商人》里凶残的高利贷者的典型，现通译为夏洛克。

他们在同一纲领里称为“反动群众”底一部分了。

我曾把这封信搁在一边，因为你到四月一日庆祝俾斯麦生辰[①]的那天会被释放的，而且我不愿意这封信在偷运时有被搜去的命运。恰巧，白拉克的信来了，他对这个纲领也抱着重大的疑虑，愿意知道我们的意见。[②]因此，我把这封信寄给他，好让他阅读并且我也可以不必把这些事物重新写一道。此外，我也同样把这真理写给兰姆[③]、写给李卜克内西，我只写了很短。我不能原谅他，他关于这整个事件，一直到了已经太晚的时候还连一个字都没有通知我们（而兰姆和其他人都以为他详细地报告给我们了。）他向来是这样做的——因此，马克思和我和他曾有过许多不愉快的通信——不过这一次太恶劣了。我们是坚决不能同行的。

希望你设法夏天到此地来。当然你住在我这里，并且如果天气好的

① 李卜克内西和倍倍尔二人因在一八七〇年至一八七一年的普法战争期间表示了他们的革命的国际主义的态度，所以在那有名的一八七二年三月莱伯齐西最高法庭上被判罪两年的监禁。倍倍尔方面的刑期是在一八七四年五月十四日满期的，但六个星期之后他又因触犯皇帝的罪名被判罪九个月的监禁送到（萨克森）茨维考的监狱里去服罪。他被释放的那天是一八七五年四月一日，偶然和俾斯麦的生日在同一天。

② 白拉克曾在他给恩格斯的信（一八七五年三月二十五日）里锐利地批判了哥达纲领草案。他写道：“在我接受这个纲领草案是不可能的，并且倍倍尔也一定同我同一意见，照他的见识和品格而论。”白拉克把他的主要目标集中在“纲领的这一点”，即该纲领要拿“国家辅助”来设立生产合作社的这一点的批判上。据白拉克的意见，该党一采用这一点，该党就会变成宗派。“因倍倍尔似乎决心进行斗争，所以我也痛切感觉到要用全力去支持他。不过预先我很愿意知道你和马克思对于这个问题究竟怎样考虑着。你们的经验比我的更成熟，你们的观察比我的更正确。倘你们赞成我这样干，那末，我就向倍倍尔建议这样干，以便拿一个共同的纲领草案去出席大会。”倍倍尔没有确实知道白拉克的希望，因之他没有出面反对那个纲领。

③ 兰姆（Ramm），德国的社会民主党员，爱森拉赫党的中央机关报莱伯齐西《人民国家》的编辑之一。在党内没有表现出领导的作用。

话，我们还可以去洗几天海水浴，这对于过了很久牢狱生活的你的身体确实是有益的。

你的忠友——恩格斯

马克思给白拉克的信[1]

亲爱的白拉克!

下面的对于合并纲领之批判的附记，请你读过之后，费神交给盖勒和奥叶尔、倍倍尔和李卜克内西等人。我现在工作太忙，已经不得不远远超过医生所规定的工作份量，所以写这样长的无聊东西，在我决不是一种“享乐”。不过这是很必要的，这样才好使党友们——我这封信是为他们而写的——不至误会我今后所取的步骤。

合并大会开了之后，恩格斯和我将要发表一个简短声明，内容是表明我们和那原则纲领距离太远而且没有丝毫关系。

这是不可没有的，因为有人在外国支持着我们党底敌人竭力培植的见解——完全错误的见解——说我们暗中从这儿操纵着所谓爱森拉赫党的运动。例如巴枯宁还在最近发表的俄文著作[2]里，不但把该党一切纲领等的责任推在我身上，甚而把李卜克内西和人民党合作以后每一步骤的责任也推在我身上。

除此以外，我的义务是，也不能用外交式的缄默来承认这个我确信完全要不得的并且要使党堕落的纲领。

① 和这封信一起，马克思寄了他的《哥达纲领批判》给白拉克；一八九一年恩格斯连这封信一起发表了马克思的这个批判。

② 指巴枯宁的《国家主义与无政府在国际工人联合会内部的两党斗争》(一八七三年)，在这本书里，巴枯宁称李卜克内西是马克思的工具，又说“马克思的直接领导之下”李卜克内西的一切理论上、策略上的错误，马克思要负责任。

真正的运动底每个步骤是比一打纲领更重要的。[①] 如果不能超过“爱森拉赫纲领”的界限——时势也不容许这样——那末就应该简单地缔结一个行动协定去对付共同敌人。但是如果要制定原则纲领（而不是推延到经过较久的共同行动以准备这个原则纲领的时期），这样就是在一切世人面前树立一个路程标用以来计量我们党之运动底高低。拉萨尔派的首脑们之所以来，是各种情况逼迫他们的。如果预先声明给他们说，不允许做原则生意，那末他们就应该以共同行动的行动纲领或组织计划为满足了。不这样做，反而允许他们派代表以全权来参加，承认他们的全权有效，那就是无条件投降了乞援者。拉萨尔派为了粉饰他们的门面，在妥协大会之前又召集了一次大会，然而我们的党在事后才举行大会[②]，他们公然地想消灭一切批判，并且不让我们的党慎重考虑。人们知道，联合底单纯事实是怎样使工人们满意了，但如果以为这暂时的效果是没有费很高的代价买来的，那就错了。

此外，除了颂扬拉萨尔底信条之外，这个纲领没有一点用处。

我下次将把《资本论》法文版[③] 的最后一次稿件寄给你。因为法国政府的禁止，刊印底进行是长期地被阻碍着。本星期或下星期初，这项工作

---

① 当一九〇二年俄国的“经济主义者们想假借马克思这个思想来辩护自己”的时候，列宁对这个企图给了决定的打击。当时，列宁把马克思的这些说话的实际内容和马克思写下这些内容当时的具体情形配合起来说明了马克思的意见：“如果愿意合并——马克思写给爱森拉赫党的领袖们说——那末，你们应该以实现运动之实践目的的名义商订一个协定，但不要容许原则底买卖，不要在理论上让步！这就是马克思的意见……”（《列宁全集》第四卷第二册一五二页）

② 两党合并的哥达大会，举行于一八七五年五月二十二日到二十七日。拉萨尔派的大会，在五月初已经举行了，但爱森拉赫党的大会到后来六月八日才于汉堡举行。

③ 《资本论》第一卷的第一次法文翻译由马克思亲自校正后，在一八七二年到一八七五年之间在巴黎分成单行本出版。

就要完结。前六次的稿件收到没有？请你最好也把倍伦哈德·倍格尔[①]的地址通知我，我也要把这最后一次稿件寄给他。

那“人民国家”书店真有特别脾气。例如直到此刻为止这书店还没有寄过一份《科仑共产党审判》[②]的印刷品给我。

最敬礼！

你的马克思

① 倍格尔（一八二六年——一八八二年），德国历史家兼政论家，拉萨尔的“德国工人总会”的创始人之一。拉萨尔死后基于拉萨尔的遗嘱，他被选为拉萨尔派的主席。后来，在一八六六年初，他和拉萨尔派分裂了，就加入爱森拉赫党。

② 马克思的小册子《科仑共产党审判之真相》，在一八五六年写成，由“人民国家”书店出版，附有马克思一八七五年一月八日的跋文。

恩格斯给白拉克的信

——伦敦一八七五年十月十一日——

敬爱的白拉克！

我耽搁了对你的几封最近的来信（最后一封是六月二十八日）的答复，一则因为马克思和我有六星期之久没有会过面——他在卡尔斯巴特（温泉），而我在海边上，那儿我看不到《人民国家》，二则因为我想等候一个时期看看这新合并和联合委员会[①]在实行上是怎样的态度。

我们完全同意你的意见，的确李卜克内西因为急于达到合并，为了合并竟不惜任何代价，于是就把整个事情弄糟了。可以认为合并是必要的，但是对于缔约者可不必说出来或表示出来。以后那就只好拿一个错误来辩护另一个错误了。一旦合并大会在腐朽的基础上实行起来并且夸赞出来之后，如果无论如何不愿失败，那就只好在基本点上让步。

你说的完全对：这个合并已经怀着分裂底萌芽，如果以后只有一些不可救药的狂热者没落下去，而不是那整批追随者们（如果不受狂热者底影响那本来是健壮的，并且在良好教育之下可以用的那批追随者们）我是高兴的。这系于这件不可避免的事情在什么时候以及在怎样的情形下发生。

① 根据新规约，三个领导组织体由哥达大会选举出来了：常务局、监察委员会和联合委员会。后者的职务是随前者之间发生意见分歧之际参与意见。

这个纲领在它最后的修正中有下列三个构成部分：

一、拉萨尔底语句和术语，这些无论在什么条件之下都不该接受的。如果两个派别互相合并，那末就把互相一致的而不是把互相争执的东西写在纲领里。然而我们的人们竟容许了这个，竟自愿地接受了屈辱。[①]

二、一连串的庸俗民主主义的要求，用人民党[②]底精神和体裁来表达的。

三、一些应该是共产主义的命题，大部分从《宣言》里抄来，但是这样修改了的，在阳光下一看，全部都包含着寒毛凛凛的荒唐语。如果不懂得这些事物，那就不要拿手指去动，或者把它原原本本从那些了解事物的著作里头抄下来。

幸而这个纲领所经过的较好于他所贡献的。工人、资产阶级以及小资产阶级看到这纲领里本来应该有但实在没有的东西，没有一方面有人按照它的真实内容来公开检验这些古怪条文的一条。

这使我们可能对这纲领沉默下去。这些条文不能翻译为任何外国文字，如果不强迫地或者明显写成疯狂的东西或者给它以共产主义内容，关于后者是我们的朋友以及敌人要做的。我自己在替西班牙朋友们做翻译的时候就应该这样做。

关于委员会的活动我所看到的，不是可喜的。第一，攻击你的和倍格尔的著作[③]的事件，如果它没有实现，那不是委员会底罪过。第二，宋纳

---

① 这是说他们接受了屈辱的条件。

② 从略。

③ 这个引用是联合委员会的提案要求从党文件的目录中几本除去倍格尔的及拉萨尔的著作（《拉萨尔惨死真相》，一八六八年；《拉萨尔的工人煽动史》，一八七四年）。

曼[①]当马克思在旅途上遇到他的时候说，他曾要求法尔泰西[②]向《弗兰克府报》寄稿，但委员会禁止法尔泰西接受这个要求！这实在是超过了检查，我不知道法尔泰西怎样忍受下去。这是何等蛮笨！

他们正应该预先努力使《弗兰克府报》在德国到处有我们的人来服务！最后，我以为拉萨尔派在创立柏林联合印刷所之际也不很诚恳。自从我们的人，在莱伯齐西印刷所拿全部的信心来委任该委员会为监察机关之后，竟还要强迫我们的人在柏林也照样委任他们。不过我在这里不十分知道个中底细而已。

扩展的活动很少，这是好的，并且像最近几天在这里的喜尔士[③]所说的，最好这委员会能够限制自己为通讯机关和收发机关。委员会底任何活跃的干涉只有促进危机，并且人们都似乎感觉到这一点。

在委员会里[④]接纳了三个之多的拉萨尔派分子，而我们只有两个进去，这是何等软弱！

总而言之，我们好似吃了一点亏。希望这件事情再不发展下去并且在这期间那些宣传在拉萨尔派里发生效果。如果这件事情延伸到下届议会选举的时候，那就好了。不过，（那政治警察）史蒂培尔[⑤]和（那检察官）托

① 宋纳曼（Leopold Sonnemann，一八三一年——一九〇九年），德国政治家兼著作家，人民党的领袖之一，《弗兰克府报》编辑。在六七十年代他反对俾斯麦的政策，因此，在某些问题上他接近爱森拉赫党员。

② 法尔泰西（Julius Vahlteich，一八三九年——一九一五年），鞋匠，爱森拉赫党的最出色的领袖之一。以前是拉萨尔派，但在拉萨尔生存期间出头反对过拉萨尔的独裁，因此，被拉萨尔领导的德国工人总会开除了。

③ 喜尔士（Karl Hirsch，一八四一年——一九〇〇年），有名的德国社会主义新闻评论家，当时他很接近马克思和恩格斯。

④ 党主席团内，拉萨尔派的有哈仁克勒夫、哈塞尔曼、德洛西；爱森拉赫派的有盖勃及奥叶尔。

⑤ 史蒂培尔（Wilhelm Stieber），普鲁士政治警察局的高级官（转下页）

森道夫[①]一定会大大卖力，到那时候一定会有机会看到哈塞尔曼和哈仁克勒夫究竟担任些什么工作。

马克思从卡尔斯巴特回来了，完全换了一个人的样子，强壮、新鲜、快乐、康健，又可以着手切实做工作了。他和我热忱向你致敬。如有机会，请你再告诉我们那件事情的发展情形。莱伯齐西的那些人们[②]对那件事情关心得太深切，实在他们正应该告诉我们真相，尤其现在党内事件恰好尚未公布出来。

你的最忠实的恩格斯

（接上页）吏，迫害革命无产阶级的组织最凶，运用最卑污的手段，假造文件和证据来胁迫被告人。他是一八五二年科仑共产党审判的检察官，他当时的诡计在马克思的小册子《科仑共产党审判的真相》里揭露着。

① 托森道夫（Tessendorf），普鲁士的国家检察官，在七八十年代当作“审判社会主义者的专门家”成了名。

② 莱伯齐西的那些人们即指中央机关报《人民国家》编辑部的李卜克内西和其他分子。

恩格斯给倍倍尔的信

——伦敦一八七五年十月十二日——

敬爱的倍倍尔！

你的来信完全证实了我们的意见，这个合并在我们方面太早了一点，并含着将来纠纷底种子。如果能够延续这个纠纷到下届议会选举以后[①]已经算好了。

这个纲领现在包含三个部分：

一是拉萨尔底命题和警句，接受这种东西是我们党底一个污点。如果两个党派同意一个纲领，那末他们应把互相同意的事项放进去，不要涉及不同意的事项。[②]固然，拉萨尔底国家辅助在“爱森拉赫纲领”里也有，但不过当作许多过渡办法之一，并且据我所听到的，这国家辅助在本年度大会上没有一致根据白拉克底提议，[③]几乎被推翻了。现在这国家辅助，成为于一切社会缺陷之不可缺少的专门良方了，容许“工钱铁则”和拉萨尔派底词语生效，这对于我们党是莫大的道德上的失败。我们党改宗到拉萨尔

---

① 下届议会选举，在一八七七年初举行了。

② 德国社会民主工党于一八六九年八月在爱森拉赫大会上采用的纲领里有许多“直接要求”，其最后（第十）一个要求这样说：“在民主保障之下，国家奖励合作社以及国家信用放款给生产合作社。”，这里“国家奖励”的原文和拉萨尔的“国家补助”的原文完全不同。（中文译者）

③ 从略。

派底信条了。这不是轻易否认掉的。纲领的这一部分是一个屈辱，在这个屈辱下我们当匍匐到神圣的拉萨尔之伟大的荣光之下去了。

二是民主主义的要求，完全是用人民党底意义和体裁来表现出来的。

三是一些“今天的国家”底要求（不知道这余下的要求是究竟向谁提的），这些要求是很混乱而不合逻辑的。

四是一些一般的命题，大部分是从《共产党宣言》和《国际规约》那儿抄借来的，但是这些命题是这样修改的，正如马克思在你知道的他的那篇论文[①]里指摘的一样，或者是全部错误，或者是纯粹的愚蠢。

整个纲领非常没有秩序，非常混乱，没有联系，不合逻辑，并且是可笑的，如果资产阶级报纸里只要有一个有批评头脑的人，他就会把这个纲领逐条通读一遍，按照它的真实内容逐条检讨下去，把那些无聊话显明地分解出来，把那些前后矛盾和经济学上的错误（例如说劳动手段在今天是资本家阶级底独占，好似就没有地主一样；不讲工人阶级底解放而讲“劳动底解放”等空话——老实讲劳动本身在今天实在太过分自由）发展出来，就可以把我们的整个党弄成丑恶的可笑的。那些资产阶级报馆底蠢货们不这样干，反而把这个纲领看得颇为严肃，到纲领里去探找些里面没有

① 恩格斯指的马克思的《哥达纲领批判》。不过恩格斯以为倍倍尔已经知道了这个批判，这是恩格斯弄错了，当批判由恩格斯在一八九一年公表之际，才发觉李卜克内西不尊重马克思的明显要求（见马克思给白拉克的信，第六十八页），没有把这个文件拿给倍倍尔看，直到后来，恩格斯才知道（见一八九一年二月十一日他给考茨基的信），所以他说：“这个文件在一八七五年五六月之间，被人计划周密地瞒住了倍倍尔并且坑掉了，这件事情我就说明了。”（同上）至于倍倍尔要到这个批判已经在《新时代》上发表出来（一八九一年）的时候，才看到这个批判。不过必须附带声明一句，倍倍尔在出版之前读到了这个批判的底稿，他想阻止它的公布，并且打了一个电报要求停止公布，但已经来不及了。（见《前进报》，一八九一年二月二十六日，柏林）

的东西，而指为共产主义的工人们似乎也这样做。只有这样一个情形才可能使马克思和我不至于公然弃绝这种纲领。只要我们的反对者和工人们都同样把我们的见解灌输到这个纲领里去的时候，我们还可以对这个纲领保持沉默。

如果你对人选问题的结果是满足的，那末，我们方面的要求是降低了。我们的人只有两个，拉萨尔派的倒有三个之多！那末，就是在这儿我们的人已经不是同等权利的联合者，而是被战胜者，并且是预先就决定了的。委员会底活动，据我们所知，也不是可庆祝的：一方面，不把白拉克和倍倍尔的论拉萨尔主义底两本著作列在党出版物底目录里去的决议；虽然这个决议结局被撤回了，但这不是委员会底也不是李卜克内西底过失。另一方面，禁止法尔泰西给《弗兰克府报》——所介绍的——宋纳曼作通讯工作。这是宋纳曼亲自对在旅途中的马克思说的。尤其使我惊讶的，倒还不是委员会底高慢，也不是法尔泰西看不起委员会，而是那个决议底惊人的愚蠢。委员会宁肯想办法，使得像《弗兰克府报》这样一张报纸无论在什么地方专给我们的人[1]来利用才好。

说整个事件是一件教育底实验，这种实验在这些情形下将会有非常有利的效果，这儿你是完全正确的。这样的一种合并如果能保持两年之久，那就是一个大的成绩了。不过这个合并无疑地会更加低廉。

① 见上列恩格斯给白拉克的信（一八七五年三月十一日）。

《哥达纲领批判》序言

——恩格斯——[1]

这儿刊印的原稿——给白拉克[2]的附信以及纲领草案底批判——是在一八七五年哥达合并大会不久以前寄给白拉克，由他转给盖勃[3]、奥叶尔[4]、倍倍尔和李卜克内西传看，最后送还给马克思的。

因为哈勒的党大会[5]把哥达纲领底讨论已提到它的议事日程上来，我

---

① 恩格斯在一八九一年发表这个批判的时候，就拿这个序言附加在批判上。

② 白拉克（一八四三年——一八八〇年），爱森拉赫党的领袖之一，接近马克思和恩格斯并拥护他们两个，但在他们两个反对《哥达纲领》的机会主义的那个斗争里不很坚强。在一八七三年他做了一本小册子叫作《拉萨尔的提案》，批判了拉萨尔要拿“国家辅助”来设立工人生产合作社的要求。在这个小册子的序文里，他写道：“自从我懂得马克思的著作并加入爱森拉赫党以后，我就越加确信，凡欲实现拉萨尔的那个提案的一个企图不但对于工人运动没有好处，而且还有害处。”

③ 盖勃（Angust Geib，一八四二年——一八七九年），爱森拉赫党的会计长，从一八七四年起当选为国会议员。

④ 奥叶尔（Iguaz Auer，一八四六年——一九〇七年），爱森拉赫党的书记，后成为德国社会民主党的改良派领袖之一。

⑤ 哈勒（Halle）党大会，即德国社会民主党自从《社会主义者法令》撤废以后第一次的大会，举行于哈勒，在一八九〇年十月十六日根据哥达纲领的主要起草人李卜克内西的动议决定准备一个新纲领草案给下届大会。由李卜克内西起草由大会通过的决议案对这个决定附加了这样一个理由：“哥达纲领无论如何在过去十五年间尤其在《社会主义者法令》的实施期间正当地辩（转下页）

想，如果我再把有关这次讨论的一个重要文件——或者是最重要的文件吧——还长久保留着而不发表，那末，恐怕我就要负隐匿的罪名了。

并且，这个原稿还有其他更广大的意义。在这个文件里第一次明显而坚定地阐明了马克思对于拉萨尔参加运动以后所采取之方向——关于拉萨尔底经济原理以及策略——的态度。

在这儿所用以解剖纲领草案的毫无顾忌的锐利性，说破其所得结果与暴露其破绽之严厉性，到十五年后的今天，已经不会有所损害了。固有的拉萨尔派分子仅是个别的残余在国外存留着，并且，在哈勒大会中，哥达纲领甚而也被它的起草者们认为完全不妥而抛弃了。①

虽然如此，我还勾销了几处牵涉个人的锐利词句和断语，不过这对于文意是无关系的，用点线来代替它。如果马克思今天来发表这个原稿，他自己也会这样做的。纲领底一切地方的严厉词句，是由于两种情况挑起来的：第一，马克思和我，对于德国的运动比对任何其他各处的更有深切关系，因此，纲领草案中所表现的断然的退步就特别强烈地激动了我们。第

（接上页）护了自己，不过现在所有据点已经不合时宜了。”德国社会民主党的新纲领是在爱尔富尔脱（Erfurt）大会上被采用的，叫作“爱尔富尔脱纲领”。新纲领和哥达纲领比较起来，确是一个巨大的前进，但不管恩格斯坚决的要求，这个新纲领没有提到无产阶级专政的问题，并且在许多过渡的要求里头，新纲领甚而没有提出民主共和国的要求。新纲领的批判由列宁作在了他的《国家与革命》里头。

① 第一国际的第五次大会（即海牙大会），举行于一八七二年九月，这次大会主要事件是无政府主义者巴枯宁——一派站在一方面，和马克思与恩格斯所领导的总评议会站在另一方面的斗争。大会的多数支持了总评议会。巴枯宁被驱逐了。但巴枯宁派在海牙大会以后仍继续其反总评议会的斗争。数年后，第一国际，即“国际工人联合会”“在一个方向上在向着将来前进的方向上支配了十年之后”，（见恩格斯给孰尔格（Sorge）的信，一八七四年九月十二日到十七日），在形式上停顿了。

二，那时，在国际[①]海牙大会（一八七三年）之后还不到两年，我们正在与巴枯宁和他的一派无政府主义者作最激烈的斗争，[②]他们把德国工人运动里发生的一切，都要我们负责，因此，我们也预期到人们诬指我们是这个草案的隐秘的父亲。这些顾虑现在已经没有了，因此，一切有问题的地方底必要性也没有了。

因出版法上的一些理由，有些文句也仅仅用点线暗示出来。凡不得不选取更温和的词句之处，都加上了方括弧[③]，其他统统照原文付印。

伦敦　一八九一年一月六日

---

① 论注文内容。

② 论到马克思主义和巴枯宁的无政府主义之间在原则上、在实践上最重要的差别，列宁曾写道："马克思主义和无政府主义之间的差别是这样：马克思主义承认国家的必要性过渡到社会主义时，不过（这儿是他和考茨基一帮家伙不同），不是一种通常的、议会制度的、资产阶级的民主共和国那种形式的国家，而是像一八七一年巴黎公社和一九〇五年以及一九一七年工人代表苏维埃那样的国家"……巴黎公社失败之后，历史把迟缓的组织工作和教育工作提到日程上来。另外一种工作是没有的……无政府主义者们当时（现在也还如此）不单在理论上并且也在经济上、政治上是根本错误的。无政府主义者们把情况估计错了，他们不了解那时的世界形势：英国的工人被帝国主义的利润收买了；巴黎公社失败了，德国资产阶级民族运动新近的胜利；半农奴制度之数百年昏睡着的俄国。马克思和恩格斯正确判断了情况，他们了解国际情况，他们看到了社会革命迟缓发展的任务。（《列宁全集》第二十卷，第一册一七九——八〇页）

③ 在此地印出的批判本文里面所有被勾销的字行都给复原了。

恩格斯给考茨基的信[①]

我前天的庆祝快信想已收到了吧。现在再谈到那件事情：谈到马克思的信吧！

说他的信会送给敌人手里一个武器，这个恐惧，是没有根据的。恶意的附会到处都是有的，但是大体讲来，敌人方面的印象一定是对于这种毫不姑息的自我批判全然的惊骇！同时感觉到一个能够提供出这种事物的政党是具有怎样的内在力量啊。这已经显露在你寄给我的（多谢）以及我从别处得到的反对报纸上。老实讲，我之所以发表这个文件也就是这个意思。我也知道，这在最初一定会引起这儿或那儿不愉快的观感，这是避免不了的，并且它的实际内容在我的眼中是重要得多。并且我知道，党已是足够的强大，经受得起这些，我并且计算到党在今天也能够担当这十五年前公然用过的言语。以正当的自负指出这种力量底测验，并且说：哪儿还有另外一个政党敢做这同样的事呢？所以这文件也交给《萨克逊工人报》《维也纳工人报》以及《秋里希邮报》了。[②]

如果你在《新时代》二十一期上负起发表底责任来，那你是很好的，但是不要忘记，我给了首先的鼓励并且我还把你多少弄到被迫的地位上

① 考茨基当时是德国社会民主党的理论机关报《新时代》周刊的编辑，在这个机关杂志上恩格斯发表了马克思的批判。

② 在这些报纸之中最初的两个是社会民主党的，最后一个是资产阶级的。

去。[①]所以，我自己负担主要的责任。至于个别事项，那个人尽管可以对之有不同意见。凡你和蒂茨[②]所忧虑的地方，我都已经勾销了和修改了。如果蒂茨还要更多的勾销，那我也尽可能温和些，这我已常常向你们证明过了。但是主要的问题是，一旦这个纲领提出讨论时，那末，我的责任是要公布这个事物。特别自从李卜克内西在哈勒大会的报告里面把这个纲领底摘录一部分无思虑地当作他自己的财产，一部分被攻击而不说出名字来以后，马克思一定会把原稿与这种故作对照起来，那末，我在他那个地位也负有同样如是作的责任。可惜那时我没有这个文件，后来搜寻很久才找到。

你说，倍倍尔写信给你说，马克思那样对付拉萨尔，引起了老拉萨尔派底忌恨。就是这样吧。他们不知道实在的经过，似乎也没有解释它。[③]如果那些人们不知道拉萨尔底伟大是由于马克思不计较他多年来利用马克思底研究结果当作他自己的东西来装饰，而且因为缺乏的经济学的教养还颠

---

① 当恩格斯把马克思的《哥达纲领批判》原文寄给考茨基去发表的时候，恩格斯曾促使考茨基留意下述一点，即万一这个文件不至于在《新时代》上发表出来，那末恩格斯可以在《维也纳工人报》上发表这个文件，总之，无论如何马克思的这个批判总有办法见天日。

② 蒂茨（W·Dietz，一八四三年——一九二二年），德国社会民主党员、国会议员、斯都得伽特的党出版部的主任，《新时代》就在这个出版部里发行。他始终属于德国社会民主党的右倾机会主义的方面，在世界大战中，他是社会学樊主义者（学樊 Chauvin 是法国的一个青年军官、夸大狂妄、毫无理性、一味主张杀人的爱国主义者）。

③ 虽在一八九〇年哈勒的党大会上做报告的时候，李卜克内西承认了那纲领需要修改，但他还用尽一切方法来称赞旧纲领是战斗的标准、领路的明星等。至于分析了哥达纲领的每一点，以及有些地方借用了马克思和恩格斯所提出的反对——但没有指出他们两人的名字——之后，李卜克内西就拿下述这样一个结论来结束每一论点的检讨，说这种论点尽管有订正的必要，但在原则上、在主要成分上有不可争辩的重要性。

倒了马克思底研究结果，那不是我的过失。但是我是马克思底著作上的遗嘱执行者，我负着我的责任。

拉萨尔有二十六年的历史。如果在《例外法令》之下中止了对于他的历史批判，但历史的批判是应发生效力的时候了，关于拉萨尔对马克思的态度应该弄一个明白。掩蔽与颂扬拉萨尔之真面目的传说，毕竟不能变成党底信条呵。尽管有人这样颂扬拉萨尔对于运动的功绩，他的历史作用是暧昧的。武断宣传者的拉萨尔到处伴随着社会主义者的拉萨尔。经过煽动者和组织者的拉萨尔，这哈茨费尔德伯爵夫人离婚案④底指导者到处是无所不用其极的：在选择手段中的无耻与不安分的无赖之徒来往——把他们当作单纯工具来使用，而又抛弃——的偏好。到一八二六年在实践上是一个特别普鲁士式的庸俗民主主义者，有着强烈的拿破仑的倾向（我刚刚读过他写给马克思的信），他忽然间由于个人的原因而改变了，开始了他的煽动工作；刚刚过了两年，他就要求工人们利用皇党以反对资产阶级，在一种实际上必然出卖运动的方式内与他的臭味相投者俾斯麦相勾结，如果他不是届时地侥幸被打死的话。在他的鼓动著作里，把从马克思那儿剽窃来的正确议论和拉萨尔自己的经常错误的叙述混搅在一起，二者几乎分不开来。感到被马克思底批判伤触了的一部分工人只是知道他的两年的鼓动，而且这还只是戴了有色眼镜来看的。不过在这种偏见面前，历史的批判不能够恭谨地永远站着不动。我的责任就是要在马克思和拉萨尔之间做一清算。这已经是做了。我暂时是可以满足了。我个人现在

④ 拉萨尔在一八四五年到一八五四年的差不多十年之间以律师的地位犯了一件非常曲折错综，并且当时非常令人注目的，和苏斐·哈茨费尔特（Sophie Hatzfeld）伯爵夫人的离婚案子，在诉讼经过中，为了胜诉起见，他利用了各种律师的恶计。

还有别的事做。已经公布了的马克思关于拉萨尔的批判将会自己发生它的效果和鼓励他人。但是我之所以被迫着如是做，是因为此外没有其他的选择：我应该把拉萨尔的传统肃清。①

据说在党团里有人竭力主张把《新时代》置在审查之下，这确是很妙的。是不是《社会主义者法令》的党团独裁者②（这自然是必要的而且执行得很好）所见到的呢？或者还是对于舒维泽③之过去的严格组织的回忆

---

① 这个责难主要的对着考茨基。考茨基竭力想削弱批评拉萨尔主义的马克思的影响，他在《新时代》二十一号上发表了一篇论文叫作《我们的纲领》，在这篇文章里他投机取巧地缩小了马克思的这个批判的实践意义，避开马克思于纲领之外反而强调拉萨尔的伟大的贡献。别的不谈，单看考茨基写道：马克思对于拉萨尔所取态度不是德国社会民主党的态度……社会民主党另外有一个态度对于拉萨尔和马克思的态度不同……我们哪能忘记这个人（拉萨尔）？所有我们党内的老同志甚而大多数年轻的朋友们最初的社会主义知识和对社会主义的热情都是从他（拉萨尔）的著作里得来的。我们谨慎地研究并检讨马克思说些什么关于他学生拉萨尔，但我们决不忘记拉萨尔也是我们最初的许多导师和战士之一。(《新时代》，一八九一年，第一卷六八〇页)

② 在《社会主义者法令》的实施期间（一八七八年——一八九〇年），一切工人阶级的合法组织统统被禁止了，只有国会里的社会民主党团是党的最高机关。尽管这个党团大部分是由机会主义者们形成的，不过党的领尊权还在倍倍尔的双手之中。倍倍尔所依靠的就是党员大众的支持和起初在秋里希后来在伦敦发行的非合法的机关报《社会民主党》的支持。这张报纸在大体上是依照恩格斯的指示而编辑的。

③ 这就是指拉萨尔派的组织“德国工人总会”，从一八六四年到一八七一年该会领袖是约翰·史怀周（Schweitzer，一八三二年——一八七五年），史怀周是中央机关报的主笔，党的主席兼国会议员，他继续拉萨尔的勾结俾斯麦的策略，俾斯麦资助了这个报纸，此事在数年前才被发觉。他依照拉萨尔的传统用独裁的方式来领导工人总会。就在强大的反对派已经发展起来反对他的时候，他还企图维持他的独裁势力甚而还竭力扩张他的势力到职工组织方面去，所以在一八六八年竟创立职工会——但无论如何只在群众的迫切要求之下才创立的。

呢？这实在是一个了不得的思想，把德国社会主义的科学在已经从俾斯麦底《社会主义者法令》解放出以后，放在一个新的、由社会民主党官僚们所手创与执行的《社会主义为法令》之下。此外，已经尽了力量，树木是不能长上天的。

《前进报》上的文章很少感动我。[①] 我将期待着李卜克内西之经过底叙述[②]，然后尽可能用友谊的语气来答复这二者。《前进报》的文章只有几点不正确的地方需要纠正（例如说我们不愿意合并，说事实证明马克思错误等），还有一些自明之理要证实。我想以这个答复来结束我这方面的争论，如果没有新的攻击或不正确主张来使我继续争论下去的话。

请你对蒂茨说，我正在校对《家族私有财产与国家之起源》[③]，不

---

① 在德国社会民主党的中央机关报《前进报》上的社论表明了党的领导部的公开态度对于马克思的批判。这篇论文含有锐利的攻击对着马克思的评价，拉萨尔并且认定该党反对了马克思的意见而采用了哥达纲领草案是该党的一个功德。该文又说：该党的发展证明了马克思的错误，并说该党的国会党团和领导部从未同意发表这个批判。该文说：德国社会民主党员既不是马克思主义者，也不是拉萨尔派的人们——他们是社会民主党员。（《新时代》，一八九〇年—一八九一年，第一卷六八四页）

② 李卜克内西企图为《新时代》写一篇特约论文《关于哥达纲领的历史》。据考茨基说："这篇论文……倘写出来，在总的方面，一定可以供给本党纲领的一篇历史。并且特别可以写出一八七五年那时使得哥达纲领能够当作本党大多数的理论上的良心的表现着的那些情况。"（同上，六八一页）"这样看来"，考茨基在上面引证过的论文《我们的纲领》里写道："这封纲领信件需要一个补充。恩格斯没有办法拿出来。"

③ 这就是指恩格斯的著作《家族私有财产与国家之起源》第四版，由斯都得伽特党出版部（蒂茨出版部）出版。

过今天费旭[①]写信来要我写三篇新的序文[②]。

你的恩格斯

① 费旭（Richard Fischer，一八五五年——一九二六年），德国社会民主党的执行委员，柏林党出版部主任。

② 在一八九一年恩格斯写了几篇序文给几本新出版的马克思的著作《法兰西内战》《工钱和资本》和他自己的一本书叫作《社会主义从空想到科学的发展》。

列宁论哥达纲领

《马克思主义论国家》中的摘录

——摘录自《马克思主义论国家》一书中（一九一七年一月至二月）恩格斯给倍倍尔的信——

恩格斯（一八七五年三月十八日—二十八日）给倍倍尔的信对于国家问题是特别的重要（倍倍尔底《我生之回忆》第二卷，三一八页以下，一九一一年斯都得伽特出版，是年九月二日的序言）

最重要的地方完全摘录在这里：

注意

"'自由的人民国家'被改变为自由的国家。照文法来讲，一个自由的国家是这样的一个国家，即对于他的公民是自由的，那末是一个具有专制政府的国家。应该取消一切关于国家的空谈，尤其从巴黎公社以来，公社早已不是原来意思的国家了。所谓'人民国家'是无政府主义者很讨厌诬责我们的，不顾马克思之反蒲鲁东的著作以及后来《共产党宣言》都早曾直接说过：跟着社会主义秩序底实现，国家会自行解体与消失。因为国家只是一个过渡的制度，在斗争中在革命中可用以强力镇压他的敌人。所以，‘自由的人民国家’是纯粹的胡说：只要无产阶级还在使用（恩格斯加的重点）国家，它并不是为了自由底利益来使用它，而是为了镇压它的敌人，如果一能够说到自由的时候，那末国家就会停止其为国家了。所以我们提议到处用德文的公共组织（Gemeinwesen）来代替‘国家’，这一个好的德意志古词能够很好地代表法文的公社（Kommune）。”

好好注意

好好注意

这是马克思和恩格斯最明显而且最锐利的“反对国家”的地方。

一、“必须取消关于国家的一切空谈。”

二、“公社早已不是原来意义的国家。”（那末还有什么？显然地只有由国家到非国家的一个过渡形态！）

三、无政府主义者们以“人民国家”“诬责我们”。（可见马克思和恩格斯以他们的德国朋友们这种明显的错误为耻，不过他们两个按照当时的情形当然有正当理由认定这和无政府主义者们底错误不能比较的微小的错误。这点好好注意！！）

四、跟着社会主义社会制度之实现“国家会自行解体”（“自己消解”）并且会消解……（参照后面：“死灭”）

好好注意

五、国家是一个“过渡的制度”，在斗争中在革命中“要用的”……（自然无产阶级来用它）

六、人家要用国家并不是为了自由底利益，而是为了镇压无产阶级底敌人。

七、如果有了自由，就不会有国家了。

> 普通“自由”和“民主”两个概念总被当作同一，并且往往把这个按在那个位置上来用。恰恰庸俗马克思主义者们（以考茨基和普列哈诺夫一帮为首）常常这样想。其实，民主是排斥自由的。发展底辩证（进程）如下：由专制主义到资产阶级民主，由资产阶级民主到无产阶级民主，由无产阶级民主到完全无有。

注意 !!!

八、“我们”（即恩格斯和马克思）必会提议“到处”（在纲领里）使用“公共组织”和“公社”等字样来代替“国家”。

从这里就可以看到不单机会主义者们，甚而考茨基也庸俗化了污损了马克思和恩格斯。

在这八条内容丰富的思想里，机会主义者们连一条也没有理解到！

他们只是抓住了现在之实际的需要：利用政治斗争，利用今天的国家来训练并教育无产阶级，“来争取一些让步”。这是对的（反对无政府主义者们），不过这一点才只是马克思主义底百分之一，如果可以用算术来这样表现的话。

考茨基在他的宣传工作和著述工作里完全曲解了（是忘记了呢还是不懂得？）上述一、二、五、六、七、八等六点，和马克思底“打碎论”（在考茨基和班业苦克的一九一二年或一九一三年的论争里），考茨基在这个问题上已经完全陷在机会主义里了。

我们和无政府主义者的分歧是：现在以及在无产阶级革命期间，利用国家（“无产阶级专政”）——在实践上尤其现在非常重要（连布哈林都也忘记了）。我们和机会主义者的分歧是：我们有更深刻“更永远”的真理关于一是国家之过渡的性质；二是现在关于国家空谈之有害；三是无产阶级专政之并非完全国家的特征；四是国家和自由之间的对立；五是以公共组织来代替国家之更正确的思想（概念、纲领、术语）；六是官僚主发的军事的机构之“打碎”等。也不要忘记，无产阶级专政被德国那批公开的机会主义者（伯因斯坦、柯尔勃等）、被正式纲领以及被考茨基不过间接地拒绝了，他们在日常鼓动中抹杀了无产阶级专政并容忍了柯尔勃一帮人底叛变。

在一九一六年八月曾有信写给布哈林，说：“使你的关于国家的思想成熟起来。”但是他没有使它成熟就作为“注意点”让它爬到报纸上去，而且是这样做的，他本应揭穿考茨基派，反而拿他自己的错误来帮助了他们！不过在基本上布哈林要比考茨基接近真理些。

《新时代》第十九卷（一九〇〇年至一九〇一年）（一九〇一年三月第二十六、二十七期）八〇四页：倍尔（M.Beer）论英国之没落并论及它的帝国主义，腐

注意 化性以及其他各国底帝国主义……（注意）同著者：“社会帝国主义”《新时代》第二十卷Ⅰ（一九〇一年到一九〇二年）二〇九页及以下各页（费边主义者）和“职工会之现状”，同期四三页（注意）（“帝国主义的社会的时代”）

第十九卷Ⅱ，一九七页，伐尔透（Walter）的文章论“俄罗斯帝国主义”……（从彼得一世到二十世纪的中国）

马克思的《哥达纲领批判》

一八七五年三月二十八日恩格斯寄给倍倍尔的信，马克思寄给白拉克的附有《哥达纲领批判》的信，在一个多月以后即一八七五年五月五日写的。（《新时代》第九号Ⅰ：一八九一年）（一八九〇年到一八九一年第十八号）

初看起马克思在这封信里比恩格斯更是“政治家”些——如果容许使用我们的敌人底这个陈腐术语的话。

恩格斯提议：一是完全不要谈到国家；二是拿“公共组织”来代替这个字；三是甚而他说明“公社”（即“无产阶级专政”）“早已不是原来意思的国家”，关于这些在马克思方面一字也没有提到，甚而，相反地，他居然说到用

!! “将来在共产主义社会里的国家组织！”（《新时代》第九卷Ⅰ，五七三页）

初看起会发生一个印象，好似这里有什么琐碎的矛盾、混乱或者不同意见！但是只是在初看上。

马克思信里底重要地方，（关于这个问题的）完全在这里：

“‘今天的社会’是资本主义社会，它是在一切文明国家里存在着，它是或多或少地脱离了中世纪的附随物，或多或少地因各国特殊的历史发展而改变着，或多或少发展着。相反，‘今天的国家’跟着国境而变迁着，国家在普鲁士德意志帝国和在瑞士国度里不同，在英国和在美国里不同。这样看来，这所谓‘今天的国家’是一个虚构。

“不过各个不同的文明国度之不同的国家，尽管各有种种形态的差别，是有着共同之点，即他们都站在或多或少发展了资本主义的现代资产阶级社会之地基上。因此，他们也有着某种共同的根本性质。在这个意义之下，我们可以谈论‘今天的国家组织’，和将来相反，那时它的今天的根基，即资产者社会，是已死灭了。

“那末要问：这国家组织将来在共产主义社会里，曾经历怎样一种变化呢？换句话说，哪一些社会机能在那儿余下来而和今天的国家机能相类似呢？这个问题只能是科学地来回答。尽管人民这个词与国家这个词经过千重合并也不能有些许地接近这个问题。 注意

“在资本主义和社会主义社会之间，有着一个从前者转变到后者之革命的转变时期，也有一个政治上的过渡时期来适应着它，这时的国家不是别的，而是无产阶

级革命专政。（马克思加的重点）（《新时代》第九卷Ⅰ，五七二——五七三页）

“这个‘纲领’既与无产阶级底革命专政无关，也与共产主义社会之未来的国家组织无关。”

> 这明明是一个责难，看下文就明白：这个纲领与陈旧的民主主义的祷告有关，但与无产阶级底革命专政和共产主义社会里的国家组织却无关……

“这个‘纲领’的政治要求不过是陈旧的世人皆知的民主主义的祷告：普选权、直接立法权、人民权利、人民武装等。这些只是资产阶级人民党及‘和平自由同盟’之单纯的反响。”（五七三页）

（这些要求早已“实现了”——不过不在德意志国家内，而是在别个国度，在瑞士，在美国。这些要求只有在某一个民主共和国内才有地位。这个“纲领不要求共和国——像法国工人纲领在路易·菲利普和拿破仑三世的统治之下所做的那样——想从军事专制主义的手里得到一点只有在民主共和国里才有地位的东西，这是在德国做不到的，那末也没有一点意义，”……就是那庸俗民主派“也比那种局促在警察许可但在逻辑上不许可的界限之内的民主派要高好多”。）

非常好（并且非常重要）

在这些话里面，马克思恰似早已看到考茨基派底整个的陈腐：关于一切可能的好的事物之甜蜜的说话，结果是粉饰真实性，因为民主和平与帝国主义，民主政治和君主专制之间的不可调和性被曲解或隐蔽起来了。

那末，无产阶级专政是“一个政治的过渡时期”；显然这个时期的国家也是从国家到非国家的一个过渡，这是说，“已经不是原来意思的国家”。在这个问题上，马克思和恩格斯之间绝没有冲突的。

但是，马克思继续讲到“共产主义社会底未来的国家组织！”那末在共产主义社会里竟还有国家组织！这里不是一个矛盾吗？

不：

1——在资本主义社会里是原来意思的国家。 资产阶级用的国家

2——在过渡（无产阶级专政）中是过渡类型的国家（不是原来意思的国家）。 无产阶级用的国家

3——共产主义社会中：国家之死灭。 国家不再用了它就死灭下去

绝对的思路井然并且明明白白！

换言之：

1——民主只是作为例外，永不是完全的。	1——民主只是对于富有者们及对于一小层的无产阶级（对于穷人们的民主是无有的）！
2——是差不多完全的民主，只是由于镇压资产阶级底反抗而限制住了。	2——对于穷人们，对于十分之九的人口的民主，强力镇压富有者们底反抗。
3——真正完全的民主，民主变成习惯，因之就死灭……完全的民主就等于无民主，这绝不是一句取巧的话而是真理！	3——完全的民主，变成了习惯，因之死灭下去，它给“各尽所能，各取所需”的根本原则让出地位。

见本书第77页旁注

在《哥达纲领批判》里也有一个很重要的地方讨论着国家的问题，在这里有一段未来社会之经济的分析。

在这里（五六五—五六七页）马克思批判着拉萨尔底“不折不扣的劳动的所得”的观念，并指出必须扣除一部分作为补充生产手段之已经用去了的部分，作为准备基金，以便支付管理、学校和卫生设施等等的费用，他继续写道：

“此地我们所要讨论的是一个共产主义社会，不是说它如何在自己的基础上发展的，相反，是它怎样刚从资本主义社会里生长起来的。那末它在任何方面，在经济上、风俗上以及精神上还带着旧社会——它是从它的胎盘里生长出来的——底斑痣。适合着这个情形，个别的生产者——

注意

在各项被扣除之后——精确地获取他所给予社会的。他给予社会的是他个人的劳动量。例如，一个社会的劳动日是由所有个人的劳动时间底总合所形成的；个别生产者底个人劳动时间是社会的劳动日之由他所供给的一部分，是他在这个社会的劳动日里的一份。他从社会获得一种证券，证明他（扣除了他为公共储蓄的劳动之后）供给了多少劳动，于是，他凭券到消费手段的社会储蓄中取出与他的劳动相等的那么多东西。他在一种形态中所给予社会的同一劳动量，又在另一个形态里得了回来。”（见第十页）

“除了个人的消费手段之外，没有什么其他的东西可以成为个人的财产。但是关于消费手段在个别生产者之间的分配，就通行着如在商品等价物的交换里通行的同一原则：某一个形态里同量劳动可以与另一个形态里的同量劳动交换。这个平等权利是以不平等性、事实上的不平等性、人类底不平等性作前提的，因为有些人身体强些，有些人身体弱些，等等（如果个人不是不平等的，那末他们就不成其为各种的个人）——这一个人会比另一个人收入多些。”

“不过这些弊害在共产社会底第一个阶段上是不可能避免的，因为这社会刚从资本主义社会里经过长期诞生的痛苦之后才产生出来。权利不能高过于社会的经济状态以及由此而决定的社会底文化发展。”

那末：
1．“长期诞生的痛苦”
2．“共产主义社会底初步阶段”
3．“共产主义社会底更高阶级”

注意

注意

“在共产主义社会底更高阶段上，在人们之奴役的从属于分工以及因此而生的精神劳动和肉体劳动的对立消灭之后，在劳动本身变成不单是生活底手段而且是第一个生活需要之后，在生产力跟着个人底一切方面的发展也增长起来，并且在合作的财产底源泉更丰富地涌流出来之后——然后能够完全超过那狭隘的资产阶级的权利界限，这个社会在它的旗帜上写着：各尽所能，各取所需！”

那末，这里明显地、清楚地、确切地区别出共产主义社会底两个阶段：

同样就有一个强迫底形式：“谁不劳动，谁就不应该有饭吃”

注意

较低的（“初步的”）阶段——消费手段底分配以每个人所给予社会的劳动份量为“比例”。分配底不平等性还是强大的。“狭隘的资产阶级界限”还没有完全被超过。这点要注意！和这（半资产阶级的）权利联在一起显然那（半资产阶级的）国家也同样还不能完全消灭。这点要注意！

劳动变成一种需要，没有一点强迫

“更高的”阶段——“各尽所能，各取所需。”什么时候才可能呢？如果精神劳动和肉体劳动的对立消灭了；劳动成为第一个生活需要（注意！劳动底习惯变成规则，无有强迫！）；生产力更强大地发展起来等，显然地国家底完全死灭只有在这个更高的阶段上才可能，这点要注意！

一八七五年恩格斯的信

在恩格斯寄给倍倍尔的那封信（一八七五年三月十八—二十八日）里还有一些特别教训丰富的文章比别些文章更明白写明着马克思主义的某些侧面：

一、……“第一他们（在哥达纲领里）接受了拉萨尔派吹得震天响但在历史事实上错误的语句：和工人阶级对立的所有其他的阶级只是一个反动的集团。这个命题只在个别的例外场合里是真实的，例如在巴黎公社那样的无产阶级革命里，或者在一个不单资产阶级已经把国家和社会按照它的意向来铸成，并且民主的小资产阶层也跟着资产阶级彻底实行了这种改造的国度里是真实的。（在德国你们和人民党携手合作了那么‘多年’，并且你们提出了七个政治要求，‘其中没有一个不是资产阶级（恩格斯加上的重点）民主主义的。’）” 注意 （例如在瑞士） 注意

二、……“第五，关于工人阶级通过职工会组成为一个阶级的这件事情，一句话也没有提到。而这是一个根本的要点，因为这是无产阶级底固有的阶级组织，在这个里面无产阶级实行着它和资本的日常斗争，在这里面无产阶级训练自己，这个组织到今天就像现在巴黎那样处在最恶劣的反动情形之下也不能完全破坏。在这个组织在德国也已经达到了的重要性上，我们以为在纲领里指出它的重要 对！ 注意

性并且在党的组织里公开给它尽可能留一个地位是绝对必要的。”

注意

三、……“在纲领里‘同样缺乏着一切自由底第一个条件，一切公务员对于他们的职务行为应向每一个国民在普通法庭前按照公法来负责的’。”

四、……“‘废除一切社会的政治的不平等’——来代替‘取消一切阶级差别’，也是一句值得考虑的语句。随便哪一国，随便哪一省，随便哪一地方，总存在着生活条件底某种不同等，我们可以把它减少到最小限度，但从不能完全除去。亚尔波斯山里的居民与平原上的居民总有着另外的生活条件。把社会主义社会当作平等底国度的观念是一种法兰西的片面的观念，是依据着陈旧的‘自由平等博爱’的思想，这个观念被视为那个时代和那个地域底发展阶段是正当的，不过这个观念像一切以前的社会主义派别底片面性一样，现在应当克服下去，因为这些只能惹起头脑中的混乱，并且现在已经找到了事物之精确的表现方式。”

注意

李卜克内西的“不加思索的语句”

五、巴枯宁在他的著作《政治和无政府》里把李卜克内西所写的一切……“不加思索的语句”都要我们负责……

六、“一般讲来一个政党底正式纲领不比它实际做的重要些。但是一个新的纲领总是一面公然树起来的旗帜而且外界也根据纲领来判断这个政党。”

倍倍尔在一八七五年九月二十一日答复恩格斯的信里，说："我完全同意你关于纲领草案的判断，一如我寄给白拉克的信所证明的。我也曾严厉责备了李卜克内西底屈服……不过不幸事件既然发生之后……那末，整个就是一个教育问题了。"

注意
呵哈！
呵哈！

倍倍尔自己在不久以前也有过关于"人民国家"的一切模糊见解，在他的小册子《我们的目标》（第九版，一八八六年，一八七二年第三版以后没有修改过）第十四页里证明着："所以国家必须由以阶级统治为基础的国家转变成人民国家……在这个国家里合作的生产必须代替个别的私人企业。"同样在这本小册子底第十四页，他介绍了马克思，也介绍了拉萨尔！并排地！当时倍倍尔没有看到他们两人关于国家的见解之不同。

马克思：《哲学之贫困》

在恩格斯的一八七五年三月十八—二十八日的那封信里所提到的《哲学之贫困》底那段文章显然就是下列这一段：

"工人阶级将在发展底进程里创设一个会社（Association）来代替旧的资产阶级社会，这个会社排除了阶级和阶级对抗，并且它将不会有固有的政治权力，因为正是这个政治权力才是资产阶级社会内阶级对抗底公然表现。"（《哲

注意

学之贫困》一八二页，一八五八年），（“序言”的日期是一八四七年六月十五日）

《共产党宣言》论国家

在《共产党宣言》（一八四七年九月）里这个思想是如是表现的。

注意：《共产党宣言》：国家就是组成统治阶级的无产阶级

“在叙述无产阶级发展底一般阶段的时候，我们注视了现存社会内部或多或少隐掩着的国内战争，直至它到达一点，即爆发为一个公开的革命，那时无产阶级用暴力推翻资产阶级，来建立自己的统治。”

在第二章末我们读到：

“我们在上面已经看到，工人革命的第一步是提高无产阶级为统治阶级，获取民主。

“国家”就是组成为统治阶级的无产阶级

“无产阶级将利用自己的政治统治，一步一步地把一切资本从资产阶级那儿夺来，把一切生产工具集中在国家手里，就是说，集中在组成为统治阶级的无产阶级手里，而尽可能最迅速地增殖生产力底总量。

注意：强制的侵犯

“要能实现这些，自然起初只向财产权与资产阶级生产关系采取强制的侵犯，就是说，采用一些办法，这些办法在经济上好像是不充分的与脆弱的，但在运动的进程中要超越它本身而成为变革整个生产方式所必不可免的手段。”

并且列举了（十条[①]）办法之后，作者继续写道：

“当在发展进程中，阶级差别归于消灭，一切生产都集中在个人所结成的集体之手中时，公众的权力便失去自己政治的性质。政权，在词的本意讲来，是一个阶级压迫另一阶级的有组织的权力。如果无产阶级在反对资产阶级的斗争中必然地团结成为阶级，如果无产阶级经过革命使自己转成统治阶级，而以统治阶级的资格用强力去废除旧的生产关系，那末，同着这种生产关系一起，无产阶级也便要一般地消灭阶级，因而也就要消灭它自身作为阶级的这种统治……近代的国家权力不过是执行整个资产阶级之共同事务的执行机关而已。”

《共产党宣言》论到“工人革命”“共产主义革命”“无产阶级革命”。“无产阶级专政”这一术语显然尚未出现。但是“提高无产阶级为统治阶级”，无产阶级“组成为统治阶级”，无产阶级的“强制侵犯私有权”等正是“无产阶级专政”。

“国家，这是说组成为统治阶级的无产阶级”——这正是无产阶级专政。 **注意**

① 其中第一、五、六条都只说到“国家”，例如“集中运输手段在国家手中”。

《国家与革命》中的摘录

恩格斯底补充说明

恩格斯给倍倍尔的信

——摘录自《国家与革命》(《列宁选集》

第十二卷“解放社”版六四—六七页)——

在一八七五年三月十八日至二十八日，恩格斯给倍倍尔的信中的下面一段话，是要算马克思和恩格斯对于国家问题的著作中，最出色的议论之一(如果不是最出色的议论的话)。我们要附带地说明，就我们所知，这封信第一次是由倍倍尔刊印于他的言行录(《我的生活》)第二册中的，这部言行录，刊行于一九一一年，就是说，是在这封信写就及邮寄之后的第三十六年。

恩格斯在那封给倍倍尔的信中，批评了马克思在致白拉克的有名的信中所亦曾批评过的哥达纲领草案，而且他把国家问题特别提出来讲，他这样说：

“……自由人民国家变为自由国家了。从这个字文法的意义上讲，自由国家，就是对于自己的公民是自由的一个国家，也就是说这是一个专制政府的国家。其实我们最好把这一切关于国家的空谈丢开不提，尤其是在‘巴黎公社’以后，因为从国家这个名词的原来的字义上讲，‘公社’已经不是国家了。无政府主义者每每拿借‘人民的国家’的说法来攻击我们，使我们讨厌极了，虽然马克思反蒲鲁东的著述中以及《共产党宣言》中早已十分明显地说过，国家是要随着社会主义的社会制度之开创而自行解体和消灭的。因为国家不过是一种过渡的机关，在斗争中和革命中应当利用这个机关，以便用强力来压服自己的敌人，所以说什么‘自由人民国家’，完全是无意识之谈：在无产阶级还需要国家的时候，它并不是为了自由而是要压倒它自己的敌人；到了真正能够说到自由的时候，那时国家之为国家已经是不能存在了。所以我们可以提议无论在何处都用‘公社’（Gemeinwesen）这个好的德国古词来替代国家这一个名词，这个德国古词的意思与法文中的‘公社’（commune）是相同的。”（见德文原稿第三二二页）

我们应该记着，这封信是关于党纲的，而这个党纲是被马克思在他的一封信中所批评过的，这信仅在恩格斯那封信的几个星期（马克思的信是一八七五年五月五日写的）以后，当时恩格斯与马克思一同住在伦敦。因此，当他说“我们”，那无疑是恩格斯拿他自己和马克思的名义，向德国工党的首领提议将党纲上的“国家”字样取消而代之以“公社”字样。

如果向那些为机会主义者之方便而伪造马克思主义的首领们提议在党纲上做这样的修改，那末他们将怎样狂吠而叫喊着“无政府主义啊”！

让他们狂吠吧，资产阶级还要褒奖他们呢。

可是，我们还是要做我们的事。我们在审查我们的党纲的时候，对于恩格斯与马克思的忠告，是绝对应该注意到的，这样我们才能接近真理，恢复真正的马克思主义，洗清一切对于它的曲解，以便工人阶级的解放斗争向着更正确的路线进行。在布尔塞维克[①]当中大概不会有一人反对恩格斯和马克思底忠告的。困难或许只是在名词上。在德文中有两个词都解作“公社”，而恩格斯所采用的一个，并不是表示一个单独的公社，而是表示全体公社之总和的一种公社底制度。在俄文中没有这一个词，然而我们或者可以采用一个法文词“Commune”，虽则这个词也有它的不适当之处。

“从字眼的原意上讲，公社已经不是国家了。”这是恩格斯最重要的理论上的断言。看了上面的解说之后，对于这种断言就可以完全了解了。当公社所要镇压的不是大多数人民，而只是少数人民（剥削者）的时候，公社就已经不成为国家了；这时它已经破坏了资产阶级的国家机器；而全体人民已经自己登台以代替一种特殊的压迫势力了。凡此一切，都已经离开了国家底原意。要是“巴黎公社”已经巩固了的话，那末国家底痕迹，就将在这种情形之下自行“泯灭”，公社也就用不着“废除”国家机关了，因国家机关将随着无事可做而停止自己职务。

“无政府主义者拿‘人民国家’的话来攻击我们”，恩格斯讲这句话的时候，首先是指巴枯宁及其对德国社会民主党人的攻击。恩格斯认为这种攻击对的地方，只是在于：因为“人民国家”与“自由人民国家”是一样的荒谬，一样的离开社会主义。恩格斯努力要改正德国社会民主党人之反对无政府主义者的斗争，使这种斗争真正合乎原则，并且把其中所有的机会主义者对国家的偏见扫除净尽。可惜呀！恩格斯这封信在书柜中隐藏了三十六年之久。我们在下面可以看到，就是这封信发表之后，考茨基依然很顽固地继续重复恩格斯曾经所警告过的那些错误。

倍倍尔于一八七五年九月二十一日复信给恩格斯，说他“完全同意”

① 现通译为“布尔什维克”。下同。

恩格斯关于党纲草案的批评，并说他指斥了李卜克内西的那种让步态度。(《倍倍尔底言行录》，第二卷，德文版三〇四页）但是，拿倍倍尔底《我们的目的》那本小册子来看，我们就可以看到其中对于国家问题有许多绝对错误的议论：

“应该把建筑在阶级统治基础上的国家变为人民的国家。”(*Unsere Ziele* 德文版第一四页，一八八六年出版）

这是刊印在倍倍尔那本小册子第九版中的！“德国社会民主党”这样坚决继续着机会主义者关于国家的议论，是不足为奇的，尤其是当恩格斯底革命的理解被藏匿了，而一切生活环境又长久使人们“忘记了”革命的时候。

国家衰亡之经济基础

这个问题在马克思所著的《哥达纲领批判》(一八七五年五月五日给白拉克的信，此信只在一八九一年刊登于 *Neue Zeit* Ⅸ，Ⅰ，并翻成俄文出版单行本）中讲得最为详尽。这本出色著作中批评拉萨尔主义的辩论之部，遮蔽了论述的一部，就是：共产主义之发展与国家之衰亡两者间关系底分析。

一、马克思对于本问题的提法

把马克思一八七五年五月五日致白拉克的信，拿来与上述的恩格斯在一八七五年三月二十八日致倍倍尔的信，作一表面上的比较，似乎马克思带有“国家派”的成分，要比恩格斯更多，两人对于国家的见解，显然有很大差别。

恩格斯向倍倍尔提议抛去一切关于国家的废话，在政纲中完全废去国家的字样，而以“公社”代之；他甚至又宣布说“公社”实际上已经不是“国家”一字原意上的国家了。马克思则不然，他曾经甚至讲过“将来共产主义社会底国家”，就是说，似乎他承认甚至在共产主义之下，国家也是必须的。

但是这样的见解是根本错误的。如果更深刻地研究下去，便知道马、恩两氏对于国家及其衰亡见解是绝对一致的，而上面所引的马克思的说法，恰恰是针对正在衰亡的国家而说的。

很明显的，将来“衰亡”底日期的规定是无从说起的，尤其是因为它显然是一个长期的过程。马克思和恩格斯之间表面上的差异，是由于他们所研究的题目底不同和探讨底目的有所区别而发生的。恩格斯底任务，在于把普通对于国家的流行偏见（拉萨尔也是同意的）之全部荒谬性，明显地、激烈地、大书特书地表示给倍倍尔看。至于马克思则不过是顺便提及这个问题，而主要的是侧重在另一个题目：共产主义社会之发展。

马克思底全部理论，是以最彻底、最完整、最精密而又最富有内容的形式，来把发展论应用于现代资本主义。这样，他便自然要把这个理论应用到资本主义底将近的破产和未来共产主义底未来的发展上去。

试问根据什么材料可以提出未来共产主义之未来的发展问题呢？

可根据的就是共产主义从资本主义之内产生出来，它在历史上是从资本主义中发展出来，它是资本主义所产生的社会力量之动作底结果。马克思绝对没有要创造一个乌托邦和凭空揣想一件不可推测的东西的那种企图。他研究共产主义的问题，正像自然科学家研究一种新的生物形态底发展问题一样，既然我们知道一物底来源，又知道此物变化的一定的方向。

马克思最初便把哥达纲领中关于国家与社会的相互关系问题中的糊涂观念先行扫除干净，他说：

"……现代的社会是资本主义的社会，它存在于一切文明国家中，它是离开中世纪制度而多少自由的，它依着每一个国家历史发展之特殊的条件而多少有所不同，它多少是已经发展了的。反之，'现代的国家'则跟着每一个国界之不同而变化的。它在普鲁士德意志帝国与它在瑞士是完全不同的。它在美国与英国也完全不—样。所以'现代的国家'实在是一种虚构。

"不管各个文明国家底各种不同的国家形式如何分歧，可是它们却有一点是共同的——它们都是建筑在资本主义多少发展了的现代资产阶级社会底基础之上。所以它们具有某几个共同的重要的特征。在这点意义上，可以说'现代的国家'以别于现在国家根基——资产阶级的社会——消灭时之将来。

"其次问题就是这样：在共产主义社会中，国家取怎样的一种形式呢？换一句话说，到共产社会的时候，还有哪些与现代国家职能相似的社会职能遗留着呢？这个问题只能用科学方法来答复，无论几百几千次地把'人民'与'国家'几个字连接起来，而对于这个问题底解决，终究是毫无帮助的……。"

这样马克思讥笑了一切关于"人民国家"的空话，同时就给了本问题底提法，并且似乎对人警告说，要得到这个问题底科学的答复，只能依据确切的科学材料。

这里首先要指出由整个的发展论、整个的一般的科学所已经完全确定了的结论（这一点是为乌托邦主义者所忘记，而且现在又为畏惧社会主义革命的现代机会主义者所忘记的）就是：从资本主义转到共产主义，历史上必要有一个特殊的过渡阶段。

二、从资本主义到共产主义的过渡

马克思继续着说：

“……资本主义社会与共产主义社会之间，有一个从前者转到后者的革命的转变时期。同时又有一个政治的过渡时期，也是同这个时期相符合的，而这个时期底国家，除了无产阶级底革命的专政之外，便没有任何别的国家。”

这个结论是马克思根据无产阶级在现代资本主义社会中的作用底分析，根据这个社会发展底事实，以及无产阶级与资产阶级利益矛盾的不调和性而获得的。

从前问题是这样提法的：无产阶级为了得到自己的解放，它必须推翻资产阶级，夺取政权，并且建立起它自己革命的专政。

可是现在这个问题底提法已经多少有些不同了：从发展到共产主义的资本主义社会进到共产主义的社会的过渡，如果不经过一个“政治的过渡时期”是完全不可能的，而这个时期底国家，也只有是无产阶级革命的专政。

可是这个专政对于民主的关系，到底是怎样呢？

我们知道，《共产党宣言》是把两种概念并列地提出来：“无产阶级变为统治阶级”和“获得民主”。根据一切上面所说的话，我们可以更正确地断定，从资本主义到共产主义的过渡中，民主制是怎样变化的。

在资本主义社会里，在资本主义社会最顺利发展底条件之下，我们可以看见在民主共和国之下有一个多少完备的民主制。但是这个民主制是常常受着资本主义剥削之狭窄的范围所限制的，因此，实际上它常常只是为着少数人、为着有产阶级、为着富有者的民主制。资本主义社会里的自由，每每与古代希腊共和国里的自由大概相像的：自由只是奴隶主底自由。现代的雇佣奴隶，由于资本主义的剥削条件之故，被贫乏和穷困压榨到了这样的一种程度，以致他们“不暇过问民主制”，“不暇过问政治”，在平常的和平的事变潮流中，大多数人民是被排除于社会政治生活之外的。

这种论断之正确，证实得最为明显的，也许要算德国的实例了，正因为在这个国家里，立宪的合法性已经存在得很久，已经很稳固地存在半个的世纪（一八七一至一九一四）了。在这个时期当中，社会民主党为“利用合法性”而做的工作比其他各国都多，为把大批的工人组织成为一个政党所能做到的事，也是世界上任何地方所没有的。

那末要问，在资本主义社会里，德国有政治觉悟和能有政治活动的雇佣奴隶之最大的比例有多少呢？一千五百万雇佣奴隶中间，有一百万是社会民主党党员！而在这一千五百万人当中，有三百万人是组织在工会中的！[①]

为极少数人所有的民主制，为富有者所有的民主制——这就是资本主义社会底民主制。若是更接近地来看资本主义民主制的结构，那末，无论何时何地，无论在选举权的“小事”（似乎是小事）当中（居住资格，妇女除外，等等），无论在代表机关的技术中，无论在关于集会权的实际障碍中（公共建筑物都不是为“穷人”用的），以及在每日报章之纯粹资产阶级的组织中，等等，我们都可以看出层层的

① 根据一九一七年的统计。——编者注

限制，而且是对民主制的层层限制。这种对于穷人的限制、例外、除外以及障碍，看来似乎无关重要——尤其是在那般自己从来不晓得有什么贫乏，也从来没有同被压迫阶级底群众生活接触过的一般人底眼目中（这种人在资产阶级的政治家和政论家中，如果不占百分之九十九，至少也要占十分之九），看得无关紧要，但是总算起来，这些限制都要将穷人摒除于政治之外，使他们不能积极参加民主制。

马克思把资本主义民主制这个本质很好地抓住了。当他分析“巴黎公社”底经验时曾说：给被压迫者数年一次去决定，压迫阶级中谁将到国会里去代表他们，压迫他们！

资本主义的民主制必然是偏狭的，暗中排斥穷人的，因此，它是完全虚伪的、欺骗的。但是从这个民主制进到“逐渐扩大的民主制”，这一种进展，绝不是像一般自由派的教授先生们和小资产阶级的机会主义者所想象的那样简单、直接和平稳的。决不如此，过渡到共产主义的那种进展，是要经过无产阶级专政的，而且非此决不能成功，因为要打破剥削者资本家的抵抗，没有其他的人，也没有其他的方法。

无产阶级专政——就是组织被压迫者先锋队为统治阶级以镇服压迫者——不能仅仅扩大民主制就算了事。除了大大地扩大民主制——第一次成了贫民的民主制，民众的民主制，而非富人的民主制——之外，无产阶级专政应该对于压迫者、剥削者、资本家的自由，加以许多剥夺。我们为要使人类从雇佣奴隶之下解放出来，我们必须压倒这般人，我们必须用武力打破他们的反抗，凡是要用镇压、用暴力的地方，便没有自由和民主，这是很明显的。

读者还记得，恩格斯在他给倍倍尔的信中曾很显著地讲明了这一点，他说：

> “无产阶级需要国家不是为着自由，而是为要压倒自己的敌人；到可以讲自由的时候，就不会有国家了。”

对广大的民众实行民主制而以暴力镇服民众底剥削者和压迫者，就是说把他们摒弃于民主之外——这便是从资本主义到共产主义过渡时期中的民主制的变态。

只有在共产主义社会中，当资本家的反抗已经彻底地打破了，资本家也完全消灭了，阶级也不复存在了（就是说，社会底组成分子在其对社会的生产手段的关系上不复有差别了），只有那时，“国家才泯没，而可以讲自由”。只有那时真正完全的民主制才有可能，才能够实现，并且没有任何的例外。而且只有那时，民主就开始衰亡，其原因很简单，就是人们已经从资本主义的奴隶制，从资本主义剥削的无数残酷、野蛮、荒谬、卑鄙行为中解放出来了：人们将逐渐惯于遵守社会生活的基本规则，数百年来人所熟知的，数千年来一切文件上所重复载明的规则：不要暴力，不要强制，不要服从，不要名为国家的强迫的特殊机关，也能遵守这些规则了。

“国家衰亡”这句话，是用得很适当的，因为它既能表明过程之逐渐性，又能表明过程的自然性。只有习惯，才能够而且无疑义地能够产生这样的结果。因为如果没有剥削，如果没有引起愤恨、反抗、暴动和造成镇压之必要的东西，人们就很容易习惯遵守自己共同生活所必需的规则。这种情形，我们在我们的周围，已经看见过不知几百万次了。

所以在资本主义社会里，我们看到一种残缺的、丑陋的、假冒的民主制，只为着富人的，为着少数人的。到共产主义的过渡时期中的无产阶级专政，第一次把民主制给民众，给大多数民众，同时对少数人、对剥削者，实行必要的镇压。只有在共产主义，才能实现真正完善的民主制，但是它越完善，便越快成为无用的东西，而自然地衰亡下去。

换句话说：在资本主义之下，存在着与国家原意相符合的一种国家，就是说一个阶级镇压另一个阶级，少数人压制多数人的一个特殊机器。很明显，要完成这样的一种有系统地以少数剥削者压迫多数被剥削者的事业，就需要一种极端凶恶和残酷的压迫，就要汪洋的血海，经过这种血海，人类遂陷于奴隶制、农奴制和雇佣劳动制的境遇。

再则，在资本主义进到共产主义的过渡中，镇压还是必需的，但这已经是多数被剥削者加于少数剥削者的一种镇压。一副特殊的镇压器具和一个特殊的压迫机关——“国家”——还是必要的，但这已经是一种过渡的国家，和原意上的国家是迥然不同的，因为以大多数过去的雇佣奴隶去镇压少数的剥削者，是一件比较容易和比较简单而顺乎自然的事情，其中的流血也必然比从前镇服奴隶、农奴和雇佣奴隶的暴动时，要大大地减少，人类所受的损失将大大地减轻。这种事情与民主制之普及于绝大多数民众完全符合，且民主制普及之广泛，使施行镇压的特殊机器之需要，也开始消失。不消说，剥削者没有一种极复杂的机器以执行这个任务，就不能镇压民众，但是民众要镇压剥削者，只要用一种很简单的“机器”，或者差不多不要什么“机器”，不要什么特殊的机关，只要简单地用群众武装的组织（例如工兵代表苏维埃，我们预先在这里指出）就够了。

最后，只有共产主义，使国家完全不需要，因为那时没有人需要可以压制——这里所谓“没有人”是指阶级而言。直指那向某部分人民所作的有系统的斗争而言的。我们不是乌托邦主义者，我们绝对不否认个人底过分行动之可能与必然，亦不否认有制止此种行动的必要。但是，第一，为着这一点，绝对用不到特殊的镇压机器和特殊的机关，武装的民众将自己负此责任。这种责任，好像现在社会中一群文明人，去和解殴打者和禁止强奸妇女那一类的行动一样的轻易和简单。第二，我们知道，破坏社会生活规则的那一种过分的行动，其主要的社会原因，是由于剥削民众，民众陷于饥寒贫困所致，且这个主要原因除掉，过分行动也就必然会开始“衰亡”的。其速率和程度如何，我们虽不得而知，但它之终归于衰亡，是我们所知道的。这种过分行动一衰亡，国家亦即随之而衰亡。

关于将来共产主义社会之低级和高级阶段（程度、段落）间的区别上，现在可以确定的地方，马克思不陷入乌托邦，可是同时却有更进一步的确定。

三、共产主义社会底第一阶段

在《哥达纲领批判》中，马克思很详尽地驳斥了拉萨尔的观念，后者以为在社会主义之下工人可以获得“不打折扣的”或“全部的劳动生产品”。马克思指明从全社会底全部社会劳动中，必须一部分作为后备基金、扩大生产的基金、补偿已“损坏”了的机器等，然后再从消费品中，取出一笔为管理经费、学校、医院、长老院等的基金。

马克思不像拉萨尔那样应用含糊不明的、笼统的语句（全部劳动生产品归之工人），他对于社会主义的社会应该怎样经营事业，有一个很严正的估计。马克思对没有资本主义的那种社会底生活条件，作具体的分析，他说：

> “我们这里”（在分析工党底党纲时）“所要讨论的，并不是一个已经在它自己基础之上发展了的共产主义社会，而是一个刚刚从资本主义社会产生出来的共产主义社会，因此，这个社会在经济、道德和知识各方面，都还保留着旧社会（它是从这个旧社会胎胞中产下来

的）底痕迹。”

这个共产主义社会——刚刚从资本主义胎胞中产下来而各方面还保留着旧社会痕迹的共产主义社会——马克思就称它为共产主义社会之“第一”阶段或低级阶段。

生产手段已经不是个人的私有财产，而是属于全体社会了。每一个社会组成员做某一部分社会必须的工作，就从社会领得一个证书，证明他已经做了若干的工作，根据这个证书，他就得从公共的消费品贮藏所中去领得一定量的生产品。除去应该归入社会基金的一部分劳动之外，每一个工人给社会多少，他就从社会获得多少。

这样，似乎什么都“平等”了。

但是当拉萨尔观察这样的社会制度（即一般所称的“社会主义”，而马克思称它为共产主义之第一阶段）时，说这是“公平的分配”，这是“每人享有获得同等劳动生产品的同等权利”，那末，拉萨尔是错误的，且马克思解释他这个错误说：

> “我们在这里确实是有‘平等权利’，但是这还是‘资产阶级式的权利’，它像别的权利一样，是以不平等为前提的。一切权利都是用同一度量施行于事实上各不相同与各不相等的各种人们身上。因此‘平等权利’就是平等的破坏，亦就是不公平。”

实际上，每一个人既经尽了像别人一样多的社会劳动，他就可以获得社会生产，除了上面所说应作基金的一部分之外之相等的一份。

虽然如此，各个人之间还是不公平的：一个人强些，另一个人弱些；一个是结婚了的，另一个人还没有结婚；一个人儿女多些，另一个人儿女少些，诸如此类等。马克思的结论就是：

> “……在平等的劳动之下，也就是说在消费品公共贮藏所中领取

平等的部分之下，实际上一个人所获得的多于另一个人的，一个人能够比另一个人富些等……为要避免这种现象，权利就应当不是平等的，而应当是不平等的了……。”

所以在共产主义底第一阶段中，还不能实现公道与平等：财富的差别依然存在，且这种差别是不公平的，但是人剥削人已经是不可能了，因为那时要把生产手段——工厂、机器、土地等夺来据为私有资产是不可能的。马克思打破了拉萨尔那种小资产阶级性的关于一般的“平等”与“公道”的混淆不明的空话，他同时便指出共产主义社会发展的行程，这个社会首先不能不消灭的，只是生产手段操在私人手中的这个“不公平”。而这些生产手段还不能够立刻消灭后来的不公平，即是“按工作”（而不是按需要）来分配消费品所构成的不公平。

庸俗的经济学家——资产阶级的教授们在内，“我们的”杜干[①]也在内——常常谴责社会主义者，说他们忘记人们间的不平等和“空想”消灭这个不平等。我们现在看见，这样的谴责，只是证明资产阶级思想家之极无知识。

马克思不仅十二分确切地估量到人们间不可免的不平等，而且还认定仅仅把生产手段转变为全体社会的公产（就是所讲的“社会主义”），还是不能够除去分配底缺点和“资产阶级式的权利”底不平等，这种权利还是继续统治的。因为生产还是“按工作”来分配。

马克思又继续说……

“但是这些缺点，在共产主义社会的第一阶段中，在它经过了长久的分娩的苦痛之后刚刚从资本主义社会中产生下来的阶段中

① 即杜干·巴郎诺夫斯基。——校者注

是必不可免的。权利永不能超过经济的结构和经济的结构所决定的社会文化的发展……。”

因此，在共产主义社会的第一阶段中（普通称为社会主义），“资产阶级式的权利”并没有完全消灭，所消灭的只是一部分，只限于已经达到的经济改革范围内的部分，也就是说，只是对生产手段的关系而言的。“资产阶级式的权利”承认生产手段是个人的私产，社会主义把它们变为社会的公产。在这一点上，而且只有在这一点上，“资产阶级式的权利”是不复存在了的。

但是“资产阶级式的权利”之其他部分，依然是存在的，它现在成为社会各分子间生产品分配和劳动分配的调节者（决定者）。“谁不做工，谁就不应有饭吃”，这个社会主义的原则已经实现了，“等量劳动可以获得等量的生产品”，这个社会主义的原则也已经实现了。然而，这还不是共产主义，且这还没有消灭给不同的人们之不等量（实际上的不等量）劳动以等量生产品的“资产阶级式的权利”。

马克思说这是一个“缺点”，但是这在共产主义底第一阶段中是不可免的。因为，要不陷于乌托邦主义，我们就不能以为推倒了资本主义之后，人们就立刻会知道为社会劳动而不需要任何权利底标准，而且，资本主义底消灭，并没有立刻就造成这种变迁底经济前提。

然而，那时除了“资产阶级式的权利”标准之外，便没借其他标准。所以在这样的情形中，国家远是必需的，这种国家保持着生产手段之公有，保持着劳动底平等和生产品分配底平等。

到了既没有资本家，又没有阶级，因此，对任何一个阶级的压迫也不可能的时候，国家也就衰亡下去。

但是国家还没有全部死亡，因为那时还保存着决断实际上不平等的“资产阶级式的权利”，要国家完全衰亡必须有完整的共产主义。

四、共产主义社会底高级阶段

马克思接着说：

“……在共产主义社会底高级阶段上，在强迫着人去服从分工的那种强迫情形消灭后，同时，劳心和劳力之间的差别也就随之而消灭；那时劳动将不成为仅仅是生活之方法，而它本身将成为生活之第一需要；那时的生产力将随着各个人在各方面的发展而增高，一切社会财富来源，也将急流似地涌现出来——只有到了这个时候‘资产阶级式的权利’底狭隘眼界，才能完全破除，而社会也才能在它的旗帜上写着：‘各尽所能，各取所需’。”

现在我们才可以看出恩格斯的话是完全正确的；他曾毫不留情地嘲骂把“自由”与“国家”等字样连在一块的荒谬。在国家还存在着的时候，是不会有自由的。一旦有了自由，国家就不会存在了。

国家完全死亡之经济基础，为高度发展的共产主义，在这种发展之下，劳心与劳力之间的对抗性将消灭，因此，将消灭现代社会不平等底最重要的根源之一，这一个根源，不能仅仅靠生产手段之转为公产，不能仅仅靠剥夺资本家，立刻就可消除的。

这种剥夺，给生产力有极大的发展之可能。我们看见现在资本主义已经是怎样阻碍着这种发展，以及在现在所已经达到的技术基础之上可以怎样快地把这个发展向前推进，故我们得十二分自信地说，剥夺资本家，必然会使人类社会底生产力得到极大的发展。但是这个发展底前进的速度如何，何时它能够达到打破分工，打破劳心与劳力之间的矛盾，以及何时能够达到使劳动变为“生活的第一需要”——这些我们是不知道，而且是不能知道的。

所以，我们可以说的，只是关于国家之必然的衰亡，特别着重说到这个过程底久长性，以及这个过程之依靠于共产主义高级发展之速度。至于衰亡底时期问题，或衰亡之具体的形式问题，还是不能解决，因为解决这些问题的材料现在还没有。

当社会实现了“各尽所能，各取所需”的原则的时候，就是说，当人们已经惯于遵守社会生活之基本规则，而他们的劳动生产率发展得很快，以至他们都自愿地尽其所能来工作的时候，国家才会完全衰亡。“资产阶级式的权利之狭隘眼界”逼得人们像希洛克[①]一样去斤斤计较什么我不要比他人多做半小时的工作，我不要比他人少得报酬——这样的狭隘眼界，到那时将完全消除了。社会对于那分配给每一个人员生产品数量底标准，在那时已经没有必要，各人皆得“按其所需”而自由地取之于社会。

从资产阶级的观点看来，容易说这样的一种社会秩序为“纯粹的乌托邦”，且讥笑社会主义者约许各人有权向社会取得任何数量的香菌、汽车、钢琴等，而对各个公民底劳动，没有任何的监督。即在今日，大多数资产阶级的“学者”，还是应用着这样的讥嘲来应付问题，但是这样他们只是暴露了他们的愚昧和他们对资本主义之贪图利己的拥护而已。

他们之所以愚昧，是因为任何一个社会主义者从来也没有想到“约许”共产主义发展之高级阶段的到来，不过伟大的社会主义者预知它要到

① 希洛克是莎士比亚底悲剧《威尼斯的商人》中的主角，是一个吝啬的残酷的高利贷者。举例来说，希洛克对于自己的债务人不作任何的让步，如果债务人不按期偿还债款，那末，他就根据契约要求从债务人身上割“一磅肉”。现通译为夏洛克。

来，可是这个阶段所需要的，不是现在的劳动生产率，不是现在的庸人，因这种庸人如波美洛夫斯基[①]小说中的教会学生一样，能够“徒然”挥霍社会财富的积贮和提出不能执行的要求。

在共产主义的“高级”阶段没有达到以前，社会主义者要求由社会和国家方面来最严格地监督劳动量和消费量，不过这个监督必须从剥夺资本家，从工人监督资本家开始，而且这个监督不该由官僚的国家，而应由武装工人的国家来施行。

资产阶级的思想家（和他们的走卒，如：蔡雷特利，戚尔诺夫以及他们的伙伴们等）对资本主义之企图利己的辩护，就是在他们把关于遥远的将来的争辩与谈论来代替目前政治上的紧要和刻不容缓的问题：剥夺资本家，把全体公民变为一个巨大“新迪卡”——整个的国家——的工作者和职员，使这个新迪卡的全部工作都隶属于一个真正民主的国家——工兵代表苏维埃的国家。

当博学的教授和跟着他走的庸人，以及那班蔡雷特利和戚尔诺夫先生们说什么“无理的乌托邦”，说“布尔塞维克无根据的允许”，说“社会主义施行的不可能”等话的时候，他们所指的实质上是共产主义的高级阶段。至于共产主义的“施行”不但没有人允许过，而且想都没有人想过，因为“施行”共产主义一般是不可能的。

这里我们已经讲到社会主义和共产主义间科学上的区别问题，对于这个问题，恩格斯在我们上面所引他论及“社会民主派”这个命名的不确当的议论中，已经提到过。共产主义底第一阶段或低级阶段与高级阶段之间的政治上的区别，将来大概是很大的，可是在目前资本主义之下来加重注

① 现通译为波米亚洛夫斯基。

意这种区别，实在是很可笑的，而把这个区别，看作头等重要的问题，也许只有少数无政府主义者能够办到（如果在克鲁泡特金、格拉夫、柯尔业利逊以及无政府主义底其他“明星”他们学“普列哈诺夫的样式”，变为社会国家主义者之后或照一个尚保有良心和诚实的无政府主义者革氏的说法，他们成为“无政府掘壕队员”之后，在无政府主义者当中，还有人没有受到一点教训的话）。

但是社会主义和共产主义间之科学的区别是很明显的。一般所称的社会主义，马克思名之为共产主义社会底“第一”阶段或低级阶段。生产手段变为公产，那末，共产主义这个名词在此处也是可以通用的，不过我们不要忘记，这并不是完全的共产主义。马克思底解释之伟大的意义是即在此处，他也是一贯地应用唯物的辩证法、发展论，把共产主义看成是一种从资本主义中发展出来的东西。马克思绝不用咬文嚼字的空想、“虚构的”定义和许多无意义的字面上的争论（什么是社会主义，什么是共产主义），他只是对于那可以称为共产主义在经济成熟上的阶段的东西加以分析。

在第一阶段或第一时期中，共产主义还不能达到经济上的完全成熟，亦不能完全脱离资本主义底一切习俗和痕迹。因此我们看到，在共产主义底第一阶段中仍保留着“资产阶级式的权利底狭隘眼界”那种有趣的现象。在对消费品底分配上，“资产阶级式的权利”亦自然必以资产阶级式的国家为前提，因为如果没有一个能够强迫人去遵守权利标准的机关，则权利便等于零。

这样，在共产主义之下，在某个时期以内，不仅是“资产阶级式的权利”存在着，甚至没有资产阶级的资产阶级式的国家，也还保留着！

在一般人看来，这似乎是荒谬之谈，或者只是一种辩证法的玩弄聪明！凡是绝对不用功夫去研究马克思主义之异常深刻的内容的人们，常常这样来归罪马克思主义。

但是实际上旧物底残余遗留在新物之内的事实无论自然界或社会中，到处的实际生活都指示给我们看了。马克思并不是随意把片块的“资产阶级式的权利”挪入到共产主义中去，他只不过指出在一个从资本主义底胎胞中所产下来的社会里政治上和经济上所必不可免的事实罢了。

在工人阶级反对资本家而为自己解放的斗争中，民主制是有极伟大的意义的。但是民主制不是一个不可超越的界限，它只是从封建制度到资本主义和从资本主义到共产主义的发展过程中的阶段之一。

民主制的意思就是平等。如果我们从消灭阶级的意义上去正确地了解平等，则无产阶级为平等和平等的口号而斗争，有何等重大的意义，是明显的。但是民主制的意思，只是形式上的平等。所以在社会全体人员对于生产手段领有的平等获得了之后，也就是说在劳动平等和工资平等获得了之后，在人类的面前，必然立刻会发生一个从形式上的平等到实际上平等的更进一步的问题，也就是说发生一个实现“各尽所能，各取所需”的原则问题。要经过怎样的阶段，应该借用哪些实际方法，人类才能够达到这一个最高的目的——这些我们是不知道，而且也不能够知道的。但有一点至关重要的，就是我们应该说明平常资产阶级对于社会主义的无限止的撒谎，在他们看来，似乎社会主义是一种无生命的、僵死了的、万古不变的东西。殊不知事实上却只有在社会主义时代，社会生活和个人生活各方面才开始发生迅速的、真正的、确实是群众的前进，在这前进运动中，起初有大多数人民，继则全体人民都来参加。

民主制是国家底形式——是国家的各种形态之一。因此，同一般的国家一样，民主制也是对于人们的一种有组织、有系统的强力底使用。这是一方面。可是另一方面，民主制是在形式上承认一切公民的平等，承认一切公民都有平等的权利来决定国家的建设和管理。而这一点又与下面的情形有连带关系的：在民主制发展的某个阶段上，它使革命的阶级——无产阶级团结起来，以反抗资本主义，而且使它能够去破坏和打碎，并且扫除一切资产阶级的国家机关（就算它是共和政体的）：常备军、警察和官僚，而代之以更民主的机关。可是这依然是国家机关，不过它是武装的工人群众，这些群众由此过渡到为全体人民参加的民警。

此地是“数量变为质量”的：民主制发展到了这样的阶段时，它就跳出了资产阶级社会底圈套，而开始它社会主义的改造。假使真正全体人民都来参加国家的管理，那末资本主义便不能支持下去了。而资本主义底发展又造成使真正“全体人民”都能参加国家管理的先决条件。属于这些先决条件的，是已经在许多最先进资本主义国中实现了的“人人皆识字”，其次由巨大的、复杂的、已经社会化的机关、邮政、铁路、大工厂、大商业银行等所造成的千百万工人之“有训练和有纪律”。

在这些经济的先决条件之下，就完全有可能立刻在二十四小时以内推翻资本家和官僚，而用武装工人或武装全民来代替他们从事于监督生产和分配，计算劳动和生产品（不要把监督和计算的问题与受过科学教育的工程师、农业学家等人员的问题混为一谈。这些先生们今天受资本家底支配而工作，可是明天他们将受武装工人的支配而更好地工作）。

计算和监督——这是为“布置”和使共产主义社会第一阶段正确动作所必需的主要办法。在这里一切公民都变成国家——武装工人——底雇员了。一切公民都变成一个全民的、国家的“新迪卡”底雇员和工人了。全部事情就在使他们都做平等的工作，正确地遵守工作底标准，而得到同等的报酬。计算和监督这种事情，已经在资本主义社会中达到了绝端简单化的地步，简直变成了检查、登记和发出、接收异常简单的手续，这种工作只要识字和懂得加减乘除的人，都能够担任的。[①]

当大多数人民到处起来亲自实行这种计算并监督资本家（那时他们已经变为服务人员了）和知识分子先生们（这些先生们还保留着资本主义的习气）的时候，那时这种监督就真正成为普遍的、一般的和全民的了，那时谁也逃不掉这种监督了，人们将“无所隐避”了。

整个的社会将成为一个办事处和一个工厂，大家都同等劳动，获得同等工资。

但是这个“工厂”的纪律，无产阶级在征服了资本家和推翻了剥削者之后要扩充到全社会去的纪律，不是我们的理想，也不是我们最后的目的，它只是为要达到彻底肃清社会上一切资本主义剥削底卑鄙与丑恶和为继续向前进展所必须的一个阶段而已。

当社会全体人员或大部分的社会人员，自己学得了管理国家，自己把这个事务操在自己掌握之中，已经“布置了”对于极少数的资本家的监督，对于愿意拥护资本主义恶习的先生们的监督，和对于被资本主义深深恶化了的工人们的监督的时候——从那时候起，对于任何的管理的需要，就开始消失了。民主制愈是完备，则它变成废物的日子便愈近。由武装工人所组织的“国家”以及“从国家”的原意上讲已经不是“国家”的“国家”，愈是民主化，则一切的国家的开始衰亡也愈是迅速。

因为当大家都学得管理，而且实际上将自动地管理社会生产，自动地实行监督那般寄生虫、公子们、骗徒们，以及与这些相类似的“资本主义

① 当国家大部分的职务，都简单化为由工人自己来干这种计算和监督的时候，国家就不成为“政治的国家”，那时“社会职务就由政治职务变为简单的管理职务了”。

习俗底拥护者”的时候——那时要违背这种全民的计算和监督，就必然变成异常困难，变成最罕见的例外了，这种违背必然会引起很快和很严厉的处罚（因为武装的工人都是从事实际生活的人，而不是感情用事的知识分子。他大概不让任何人与自己开玩笑），这样，使人遵守社会生活底简单的基本规则的必要，也将很快就成为一种习惯了。

到了那时候，便将大开门户，从共产主义社会底第一阶段过渡到它的高级阶段，而国家也就随着完全衰亡下去。

哥達綱領批判

馬克思著

何思敬　徐　冰合譯

馬克思恩格斯叢書·第十種

『哥達綱領』批判

馬克思著

何思敬 徐 冰合譯

★

1939

馬恩叢書・第十種
「哥達綱領」批判
著　者　馬克思
譯　者　何思敬
　　　　徐　冰
一九三九年十二月出版
❀實價國幣八角❀

目　錄

「哥達綱領」批判

——卡爾·馬克思——

「哥達綱領」批判

德國工黨綱領評註

1

1：『勞動是一切財富和一切文化底源泉，並且因爲收效致用的勞動祇有在社會裏和通過社會才是可能的，勞動底所得按照平等的權利，不折不扣地屬於一切社會成員。』

本條第一段：『勞動是一切財富和一切文化底源泉。』

勞動不是一切財富底源泉。自然界同樣是使用價值底源泉（並且從這裏面才構成了實質的財富！），和勞動一樣，勞動本身就只是一種自然力——人類的勞動力底表現❶那句話在一切兒童課本裏頭可以找到，而祇有在可以推想到勞動是拿適切的對象和手段來進行的限度內才是正確的。但是一個社會主義的綱領不能容許這種資產階級說法來隱默一些專拿一定意義給這種說法的條件。當着人在開始就把自己當作主人去對付自然——勞動手段和勞動對象底第一源泉——把自然當作屬於他的來處置的時候，他的勞動才成爲使用價值

底源泉，同時也成爲財富底源泉。資產階級有很好的理由，把勞動揑造爲超自然的創造力；因爲正是有這勞動底自然制約性，所以，除了他自己的勞動力之外沒有其他財產的人在一切社會狀況和文化狀況之下都不得不成爲其他變成物質的勞動條件之所有者們底奴隸。他（奴隸）只能在他們的允許之下勞動，結局只能在他們允許之下生活❷

我們讓這句話去吧，或者讓它去跛行吧。不過它能令人期望些什麼結論呢？顯然是這樣：——

『因爲勞動是一切財富底源泉，在社會裏頭除了勞動生產物之外，誰也不能佔領到財富。如果他不自己勞動，他就依靠別人的勞動來生活，他的文化也全靠化費了別人的勞動才得到的。』

不這樣說，反而用『並且因爲』的曖昧詞句來適應第二句，以便從這第二句中而不是從第一句中抽引出結論來。

本條第二段：『收效致用的勞動祇有在社會裏和通過社會才是可能的。』

照第一句的文義，勞動是一切財富和一切文化底源泉，因此，也沒有一個社會沒有勞動是可能的。現在我們遇到相反的，即沒有收效致用的勞動沒有社會是可能的。也可以同樣妥當的說，祇有在社會裏頭無用的甚而危害公衆的勞動能夠成爲一個職業種類，祇有在社會裏人可以梟懶惰爲生等等——一句話，可以抄襲整個的盧騷。❸

那末甚麼是『收效致用的』勞動呢？只是生產出預期的效用之勞動。一個野人——人脫離了猴子狀態以後，他是一

個野人——用石頭打死了一個動物收集了果實等等是作了收效致用的勞動。

第三段，結論：『並且因爲收效致用的勞動祇有在社會裏和通過社會才是可能的，——勞動底所得按照同等的權利不折不扣地屬於一切社會成員。』

好漂亮的結論！如果收效致用的勞動祇有在社會裏和通過社會才是可能的，勞動底所得屬於社會——並且只有不必維持勞動底條件（卽社會）的那一部份才歸各個工人所得。

事實上，這種詞句在任何時候都是給每個社會現狀底擁護者所利用的。首先政府（及與它相粘連着的一切）這樣主張，因爲它是保持社會秩序的社會機關；其次各種私有財產這樣主張，因爲各種私有財產是社會底基礎等等。我們看到，這種空洞辭句是可以隨便掉換和運用的。

本條第一二段祇有在這個文體中才有某種明瞭的關聯：勞動祇有當作社會的勞動，或者說在社會裏和通過社會也一樣，才成爲財富和文化底源泉。

這句話是無可爭辯的正確，因爲卽使單獨的勞動（假定它有了物質的條件）也能產生使用價值，但不能產生財富及文化。但是另外一句話也同樣是無可爭辯的：

『跟着勞動之社會地發展以及它因此成爲財富和文化之源泉的程度，也發展着工人方面的窮苦和無保障性以及非勞動者方面的財富和文化。』

這是全部至今的歷史底法則。那末不是擬就關於『勞動』或『社會』的一般語句，而是這兒要肯定地指證出怎樣在今

天的資本主義社會裏結局創造了物質等等的條件，迫使與促成工人們折斷社會的罪根。

實在，在體裁上內容上都弄錯了的這整條文，只是想把拉薩爾❹派的口號卽『不折不扣的勞動所得』寫到黨的旗幟上來。以後我還要談到『勞動所得』和『同等權利』等等，因爲這同一的物事是在多少不同的形式中重新出現了。

2：『在今天的社會裏勞動手段是資本家階級底獨佔。工人階級受這個獨佔所制約的從屬性是一切形態的貧困和奴役底根源。』

這段從『國際規約』❺中引借來的文章在『加以改正了的』表白上是錯誤的。

在今天的社會裏勞動手段是土地所有者（土地所有的獨佔甚而是資本獨佔底基礎）和資本家底獨佔。『國際規約』在該段中沒提出壟斷者底這個以及其他的階級。它是說到勞動手段底，換言之，生活源泉底獨佔。追加句子：『生活源泉』，充分表明土地是包含在勞動手段之內的。

這修改之所以提出，是因爲拉薩爾，由於現在大家都已知道的理由，只攻擊資本家階級，而不攻擊地主❻。在英國，資本家大都不是他的工廠建築地底所有者。

3：『勞動底解放要求提高勞動手段爲社會底公共財產及全部勞動之合作的規定與勞動所得之公平分配。』

『勞動手段提高爲公共財產』應該是說『變成公共財產』，不過這只是附帶的。

什麽是『勞動所得』！勞動底生產物或生產物底價值！

那末在後一場合內，是生產物底總價值呢或者只是勞動從新追加在被消費了的生產手段之價值上的價值部份呢？❼

『勞動底所得』，是拉薩爾按在一定的經濟概念之地位上的一個空洞概念。

什麼是『公平分配』呢？

不是資產者們都在肯定說現在的分配都是公平的嗎？並且事實上，它在現今的生產方式底基礎上不是唯一的『公平』分配嗎？經濟關係由法律概念來規定呢？或者反過來是法律關係從經濟關係中生長起來的？不是在社會主義的各宗派❽之間關於所謂『公平』分配有各種不同的觀念嗎？

爲了要知道在這裏對於『公平分配』這句話是怎樣想像的，那末，我們必須把第一條和第三條來對照一下。第三條是假定一個社會，在這個社會裏，『勞動手段是公共財產並且全部勞動是合作地規定的』，而從第一條裏我們看到『勞動底所得按照同等權利不折不扣地屬於社會全體成員』。

『屬於全體成員』？也屬於不勞動者嗎？那末不折不扣的勞動所得在那兒呢？只是屬於勞動的社會成員嗎？那末一切成員底同等權利又在那兒呢？

『一切社會成員』和『同等權利』等等顯然地只是一種說法而已。問題的要點是，這個共產主義的社會裏每一個工人必定得到『不折不扣』的拉薩爾式的『勞動所得』。

我們首先把『勞動所得』在勞動生產物底意思內來看，那末合作的勞動所得就是社會的全部生產物。那末從總生產物裏應該扣去：

第一，抵償那已經用去的生產手段的補充。

第二，爲了擴張生產的追加部份。

第三，預防因自然變故等而發生之災害和障礙的預備基金和保險基金。

『不折不扣的勞動所得』裏的這些扣除是一個經濟的必要，至於它的大小是按照現存的手段和力量來確定的，一部份用百分比（ 公算 ）來計算，但無論如何沒有辦法用『公平』來計算。

全部生產物底其他部份，一定地作爲消費手段之用。

在這部份作個人的分配之前，還有一些要從這裏扣除的：——

第一，一般的不屬於生產的管理費用。

這部份起初和今天的社會比較起來，是大大地受到限制的，並且跟着新社會發展的同等程度而逐漸減少。

第二，屬於滿足共同需要者如教育、衞生設備等等。

這一部份和現在的社會比較起來顯然早就發達，並且跟着新社會的發展的同等程度而增加起來。

第三，對於無力勞動者的基金，簡括的說，凡今天屬於所謂官辦的慈善事項。

現在我們才論到『分配』的問題，『哥達綱領』在拉薩爾的影響之下只是偏狹地來觀察分配問題，卽是只注意分配在合作社個別生產者之間的消費手段的部份。⑨

『不折不扣的勞動所得』已經暗中變成『有折有扣的所得』了，雖然生產者在以私人的資格所喪失了的又直接或間

接地以社會成員的資格收回來。

跟着『不折不扣的勞動所得』這句話之消失，立刻連『勞動所得』這句話也就根本消失了。❶⓫

在基於生產手段公有之上的合作的社會裏，生產者並不交換他們的生產物；在這裏變成生產物的勞動也同樣不表現爲這些生產物底價値，不表現爲它們所具有的實質的性質，因爲現在，和資本主義社會相反，個人勞動已不是在一個間接的方式上，而是直接當作總勞動的一個構成部份存在着。『勞動所得』這個字在現在因其意義含糊而招遺棄，這樣就喪失了一切意義。

此地我們所要討論的是一個共產主義社會，不是說它如何在自己的基礎上發展的，而相反地，是它怎樣剛從資本主義社會裏生長起來的；那末它在任何方面，經濟上風俗上以及精神上還帶着舊社會——它是從它的胎盤裏生長出來的——底斑痣。適合着這個情形，個別的生產者——在各項被扣除以後——精確地獲取他所給與社會的。他給與社會的是他個人的勞動量。例如一個社會的勞動日是由所有個人的勞動時間底總合所形成的；個別生產者底個人勞動時間是社會的勞動日之由他所供給的一部份，是他在這個社會的勞動日裏的一份。他從社會獲得一種證劵證明他（扣除了他爲公共貯蓄的勞動之後）供給了多少勞動，於是他憑劵從消費手段的社會儲蓄中取出與他的勞動相等的那麼多東西。他在一種形態中所給與社會的同一勞動量又在另一個形態中得了回來。

此地顯然通行着一個規定那商品交換（只要這交換是同

等價值的）的同一原則。內容和形式是變更了，因在變更了的環境之下，除了他自已的勞動之外，都沒有什麽其他的東西可以供給，因爲另一方面除了個人的消費手段之外沒有什麽其他的東西可以成爲個人的財產。但是關於消費手段在個別生產者之間的分配，就通行着如像在商品等價物的交換裏通行的同一原則：某一個形態裏的同量勞動可以與另一個形態裏的同量勞動交換。

所以儘管原理和實行早已不相矛盾，在商品交換上等價物底交換僅僅在總平均中出現，並不在單獨的場合中出現，但此地的平等權利在原則上仍然是資產階級的權利。

雖然有這種進步，這種平等的權利還常常是與資產階級的限制性相聯着。生產者們底權利是在他們的勞動供給中相比例的；平等是以平等的尺度，即勞動，來計量的。

一個人在生理上或精神上比另一個人來得強，因此在同一時間內供給更多的勞動，或者能夠勞動得時間更長；並且爲了把勞動當作尺度來使用，必須按照它的延長和強度來確定，不然勞動就不成其爲尺度了。這個平等的權利對於不同等的勞動是一個不平等的權利。它不承認階級的差別，因爲每一個人像其他一個人一樣只是勞動者；但是它默認不同的各人的天賦以及工作能力作爲自然的特權。所以根據它的內容來講，如像一切權利一樣，是一個不平等的權利。這個權利，根據它的性質來講，只能在使用平等的尺度中存在着；但這些不同等的個人（如果他們不是不同等的，那他們就不成其爲各別的個人）只能用平等的尺度去計量，只要把他們放在

同等的觀點之下，只要從一個確定的方面去把握他們，譬如在當前的場合裏，把他們只是當作工人看，不把他們看成其他的而拋開其他一切的話。還有，一個工人已經結婚了，另外一個還沒有；一個工人比另一個工人有更多的兒子等等。所以在同等的勞動支出以及在對於社會的消費資源之同等份額上，這個工人事實上比另一個工人取得更多些，某一個工人會比另一個工人更富足些等等。要避免一切這些弊害，權利就不能平等，只好不平等。❶❶

不過這些弊害在共產主義社會底第一個階段上是不可避免的，因為這社會剛正從資本主義社會裏經過長期的誕生的痛苦之後才產生出來。權利決不能高過於社會的經濟狀態以及由此而決定的社會底文化發展。❶❷

在共產主義社會底更高階段上，在個人們之奴役的從屬於分工以及因此而生的精神勞動和肉體勞動的對立消滅之後，在勞動本身變成不單是生活底手段而且是第一個生活需要之後，在生產力跟着個人底一切方面的發展也增長起來，並且在合作的財產底源泉更豐富地湧流出來之後——然後能夠完全超過那狹隘的資產階級的權利限界，這個社會在它的旗幟上寫着：各盡所能，各取所需。❶❸

我一方面廣泛地討論了『不折不扣的勞動所得』，另一方面討論了『平等權利』和『公平分配』，以便指出他們是怎樣太冒瀆了：他們一方面企圖強迫我們黨接受那在某一時期有些意義但現在早已變成陳舊空話的一些見解再當作教條；另一方面企圖又用思想的權利以及民主主義者和法國社

會主義者所常用的其他種種空論來調換我們的現實主義的觀點，而這個現實主義的觀點是曾這樣努力地協助了黨，並且現在已經在黨內打下了根基的。

除了至今所展開的一些之外，還大事喧嚷其所謂的分配，而把重心放在它上面，這是根本錯誤的。

消費手段之每次的分配，只是生產條件本身之分配底結果。生產條件底分配是生產方式本身底一種性質。例如資本主義的生產方式就建築在：物質的生產條件在資本所有和土地所有的形態之下分配給不勞動者，至於大衆只是個人的勞動條件即勞動力底所有者。如果生產底諸要素是這樣的分配，那就自然而然產生消費手段底現今的分配。如果物質的生產條件是工人自己的合作的財產，那也同樣自然而然產生消費手段之和今天不同的分配。庸俗社會主義（並且其中一部份是民主主義），從資產階級經濟學家們那兒借用來：把分配當作和生產方式無關的東西來觀察來研究，因此把社會主義主要當作在分配周圍打轉的東西來表現。❶❹早已弄明白了眞實關係以後，爲什麼還要開倒車？

4：『勞動底解放必須是工人階級的事業，與之相對立的一切其他階級只是一個反動的集團』。

第一句是從工人『國際規約』的開頭語裏拿來的，不過是『修改了』。那裏寫着：工人階級底解放必須是工人們自己的事業；❶❺而此地却相反地『工人階級』要解放——什麼？『勞動』，誰能懂得誰去懂得吧。

反過來，轉句❶❻是完全引用了拉薩爾的原文：『和它

（工人階級 ）相對立的一切其他階級只形成一個反動的集團』①⑦來補償。

在『共產黨宣言』裏這樣說：『現在和資產階級對立的一切階級之中只有無產階級是一個眞正革命的階級，其餘的各階級隨着大工業底發展而衰落與死亡；而無產階級則是大工業自身的產物。』①⑧

這兒，資產階級是被當作革命的階級看的——當作大工業底負担者——針對着封建地主和中等身分，這批人們才要求保持一切社會的地位——過時了的生產方式底產物。那末他們並不和資產階級一起形成只是一個反動的集團。

另一方面，和資產階級相對立的無產階級是革命的，因爲它，本身是在大工業的基地上長成的，力圖解脫生產之資產階級所企圖永遠維持的資本主義性。不過，『宣言』曾添加上，『中等身分將會是革命的，在他們眼前就要轉入無產階級裏去的時候』。①⑨

所以從這個見地看去，說中等身分和資產階級一起甚而和封建主一起，對於工人階級，『形成只是一個反動的集團』。這又是無思義的。

在最近數次選舉運動中，②⓪誰向手工業者、小工業家等等以及農民們公然說：對於我們，你們和資產階級及封建主一起形成一個反動的集團嗎？

拉薩爾背誦得出『共產黨宣言』，和他的信徒背得出他親手寫著的神聖著作一樣。如果他這樣粗野地改纂『宣言』，那末，他的用意明明只是想粉飾他與專制主義和封建主義的

政敵們之反資產階級的聯合而已。❷❶

在上面的章節裏他的『格言』是牽強附會的，和那從『國際規約』裏的改壞了的引文毫無關聯。所以這兒只不過是一種無恥，並且絕不是俾斯麥先生所不滿的，是柏林的馬拉所作的那種廉價的粗野底無恥。❷❷

5：『勞動階級為它的解放首先在今天的民族國家的範圍內努力，並意識到，它的努力之必然結果——這是一切文明國度的工人所共同的——是國際的人民聯合。』

拉薩爾反對着『共產黨宣言』並反對着以前所有的社會主義，從最狹隘的民族的立場上來理解工人運動。人們還追隨着他，而且這是在第一國際底行動之後！❷❸

這完全是自明的道理：為的總要能夠鬥爭起見，工人階級必須首先在自己的國內作為一個階級組織起來，而國內便是它鬥爭底直接的戰場。在這一點上，工人階級底鬥爭並不在內容上，而是像『共產黨宣言』所說『在形式上』是民族的。❷❹但是今天的民族國家底範圍例如德意志帝國底範圍又在經濟上站在世界市場底『範圍』內，在政治上站在國家體系底『範圍』內。任何一個商人都知道德國的商業同時就是國外的商業，俾斯麥先生底偉大就在於他的一種國際的政策裏。❷❺

那末，德國工黨把它的國際主義歸根到什麼上去呢？歸根到『它的努力底結果將成為國際的人民聯合』這個意識上去——歸根到一種從資產階級的『自由和平同盟』❷❻那

裏剽竊來的語句上，把它當作代替物來代替各國工人階級在反對統治階級及其政府的共同鬥爭中之國際的人民聯合。而關於德國工人階級底國際職能沒有提一個字！要德國工人階級這樣去反抗本國的早已和其他一切國度的資產階級聯結起來以反對工人階級的資產階級和俾斯麥先生底國際陰謀政治！㉗

事實上這個『綱領』底國際認識比那自由貿易黨底國際認識更是無限的低。自由貿易黨也主張說，它努力底結果將是『國際的人民聯合』。但是，自由貿易黨也還做了一些事體把商業弄成國際的事業，而決不滿足在一切民族各自在國內進行商業的這個意識上。

工人階級底國際活動絕不依屬於『國際工人聯合會』底存在。『國際工人聯合會』只是給那種國際活動創立一個中央機關的第一次企圖；這一次企圖經過它所給與的推動得到了持久的成績，不過巴黎公社失敗之後，在它的第一次的歷史的形態內已不能持久進行。

俾斯麥的『北部德意志新聞』㉘完全是對的，如果它宣告了它的主人底滿意說德國工黨在新的『綱領』內拋棄了國際主義。㉙

2

『從這些基本原則出發，德國工黨竭力想用一切合法手段來達到自由國家——和——社會主義社會；工錢制度與工錢鐵則底廢止——和——任何形態的剝削底廢止；一切社會的政治的不平等底消除。』

關於『自由』國家，我後面再講。

那末在將來德國工黨是相信拉薩爾底『工錢鐵則』了。③⓪爲了它（鐵則）不至於消失起見，他們才談到『工錢制度（應當說『工錢勞動』底制度）同工錢鐵則底廢止的那種無聊話。如果我廢止了工錢勞動，那末我當然也廢止了它的法則，不管它是『鐵製的』或海棉的。但是拉薩爾之攻擊工錢勞動差不多只是圍着這所謂的法則打圈子。所以爲欲證明拉薩爾派的勝利起見，必須工錢制度和工錢鐵則一同廢止並且沒有這個（鐵則）不行。

大家知道，從『工錢鐵則』那兒只是由哥德底『偉大的永遠的鐵的法則』那兒借來的，『鐵』字是屬於拉薩爾的。這個『鐵』字是一個記號，是正統信徒們所於以識別的。但是如果我接受那個附有拉薩爾印記的法則並且就因此在他的

意義之下那末我也應接受他的論據。他的論據是什麼？蘭格③⑱早已在拉薩爾死後不久指明出，它（蘭格親自宣傳的）就是馬爾薩斯人口論，③②那末，倘若這個理論是正確的，儘管我廢止了工錢勞動到一百次之多，也不能廢止這個法則，因爲這個法則不僅支配着工錢勞動制度並且還支配着每一個社會制度。許多經濟學家自從五十多年來恰恰根據在這上面，證明社會主義不能廢止自然形成的貧困，而只能把它普遍化，同時把貧困分散在社會底整個面積上！

不過，這一切都不是主要的事體。完全除去這個法則之錯誤的拉薩爾公式之外，眞正憤慨的退步是在於：

自從拉薩爾死後，③③，在我們的黨內，科學的見解是開展了，認爲工錢不是它所表相那樣的東西，換言之，不是勞動底價値或價格，而只是勞動力底價値或價格之掩蔽形態。因此，工錢之全部過去的資產階級的觀點，以及全部過去的反對這種觀點的一切批評，就永遠被拋棄到垃圾堆裏去，並且明白了：工錢勞動者祇有替資本家們（因而同時替他們的剩餘價値的共享者們）無報酬地做一定時間的工作之後，才得到許可爲自己的生活而工作，換言之，才能活命；資本主義的生產體系是爲了通過勞動日底擴展，或通過生產力底發展，或勞動力底更大的緊張，來延長無償勞動；那末，工錢勞動制度是一個奴隸制度，並且這個奴隸制度跟着勞動之社會生產力底發展程度而越加困苦，不管工人是得到較好的或較壞的報酬。③④自從這個見解在我們的黨裏面更加開展了以後，還要倒退到拉薩爾底教義上去；雖然他們知道拉薩爾

不懂得什麼是工錢，而只跟在資產階級經濟學家背後拿表相當作事物的本質。

這好像在已經發覺了奴隸制度底祕密而反抗起來的奴隸們裏面有一個受舊思想束縛住的奴隸在起義底綱領上寫道：奴隸制度必須廢止，因爲在奴隸制度內奴隸底給養不能越過一定的低劣的最大限度！

我們黨底代表們對那廣佈在黨員大衆中的見解竟敢做出這樣巨大的暗害，這個單純的事實不只證明他們是以何等罪過的大意和何等的無識去進行草擬這種妥協『綱領』！

用不着本條的那個不明確的話『消除一切社會的政治的不平等』。應該說『隨着階級差別底廢止，一切由此而生的社會的政治的不平等也就自己消失了。』

3

『德國工黨，爲了開拓社會問題底解決途徑，要求以國家底協助來在勞動人民之民主的監督下設立生產合作社。這生產合作社應當對於工業和農業在這樣的範圍內成立，以便全部勞動之社會主義的組織從它裏面成立起來。』

拉薩爾底『工錢鐵則』之後還有預言者底救世良方。它是在威嚴的方式裏『開拓』的。在存在着的階級鬥爭底地位上出現了新聞記者底術語：『社會問題』，有人『開拓』這問題的『解決』不是從社會之革命的改變過程中，而是從國家拿給生產合作社的『國家協助』裏面誕生出『全部勞動底社會主義組織』，並且這種生產合作社是國家而不是工人叫它『成立』的。說能夠拿國家公債來如像建設一條新鐵路一樣去建設一個新社會，這眞不愧爲拉薩爾的幻想。

從羞恥底一種殘餘中把『國家協助』放在『勞動人民底民主的監督之下』。

第一，德國的『勞動人民』大多數是由農民而不是由無產者形成的。

第二，『民主的』在德文裏面是『人民統治的』。但是什麽是『勞動人民底人民統治的監督呢』？何況這些勞動人民通過這些向國家提出的要求來說明他們充分的自覺，旣沒有統治，也沒有成熟到統治的地步！

這兒來批評路易斐立普③⑤時代蒲賽③⑥爲反對法國社會主義者們所寫成的而由『作坊』③⑦派的反動工人所採用的藥方是多餘的。主要的過失不在於他們在『綱領』裏寫了這個特殊的祕方，而是他們根本從階級運動底立場上倒退到宗派運動底立場上去。

工人們要求把合作社的生產底條件在社會的首先是在本國的規模上建立起來，那末，這只是說他們想努力現在的生產條件底改革，是與以國家底協助來建立合作社毫無相同之處。關於現在的合作社，只有它是獨立的不受國家以及資產階級保護的工人創造物的時候才具有價値。

4

現在我們論到民主的一章。

A『國家之自由的基礎。』

第一，照第二章所說，德國工黨爭取『自由國家』。

自由國家——這是什麼呢？

把國家弄成自由的，這決不是從那受束縛的隸從思想裏解放了出來的工人底目的。在德意志帝國裏面『國家』差不多和在俄國一樣『自由』。自由是在於把國家由超過社會的變成服屬社會的機關，就是今天種種國家形態較自由或較不自由，是看這些形態限制『國家底自由』的程度。

德國工黨——至少，如果它把這個當作它的綱領——表示了社會主義的思想在它裏面一點也沒有超過膚淺的程度；他們不把現存的社會（將來的每一個社會也一樣）當作現存的國家底基礎（或者不把未來社會當作未來國家底基礎）看，反而把國家看作一個獨立的實體，具有它自己的精神的、道德的以及自由的基礎。

加以『綱領』所用的『今天的國家』，『今天的社會』等等字句之荒謬的濫用，尤其對於它向之提出要求的那個國

家，更是荒謬的誤解。

『今天的社會』是資本主義社會，它是在一切文明國家裏存在着，它是或多或少地脫離了中世紀的附隨物，或多或少地因各國特殊的歷史發展而改變着，或多或少地發展着。相反地，『今天的國家』跟着國境而變遷着。國家在普魯士德意志帝國和在瑞士國度裏不同，在英國和在美國裏面不同。那末『今天的國家』是一個虛構。

不過各個不同的文明國度之不同的國家，儘管各有種種形態的差別，是有着共同之點，卽它們都站在或多或少發展了資本主義的現代資產階級社會之地基上。因此，它們也有着某種的共同的根本性質。在這個意義之下可以談論『今天的國家組織』和將來相反，那時它的今天的根基，卽資產階級社會，是已死滅了。

那末要問：這國家組織將來在共產主義社會裏會經歷怎樣一種變化呢？換句話說，那一些社會機能在那兒餘留下來而和今天的國家機能相類似呢？這個問題只能是科學地來回答，儘管人民這個字與國家這個字經過千重的輳合也不能有些許的接近這個問題。

在資本主義社會和社會主義社會之間有着一個從前者轉變到後者之革命的轉變時期。也有一個政治上的過渡時期來適合着它，這時的國家不是別的，而是無產階級底革命專政。[38]

這個『綱領』，旣與無產階級底革命專政無關，也與共產主義社會之未來的國家組織無關。[39]

它的政治要求，不過是陳舊的世人皆知的民主主義的禱告：普選權，直接立法權，人民權利，人民武裝等。❹❶這些只是資產階級的人民黨❹❸及『和平自由同盟』之單純的反響。

這些要求，只要不在空想裏過分誇大，是早已實現了的。不過，實現了這些要求的國家不在德意志帝國的國境裏而是在瑞士、美國等等。這種『未來的國家』是一個今天的國家，雖然是在德意志帝國的『範圍』以外存在着。

但是忘記了一件事體。因爲德國工黨明確地聲明，要在『今天的民族國家內』，那末是在它的國家內卽在普魯士德意志帝國內進行運動，——否則，它的許多要求也就大部份無意義了，因爲人只要求他所沒有的——那末，它就不應該忘記一件主要的事體，就是說一切那些美麗的小玩意都寄託在所謂人民主權底承認上，所以只有在一個民主共和國內部這些東西才適合。

因爲沒有勇氣，——並且因爲情況要求謹愼——要求民主共和國，如像法國工人綱領在路易斐立普和拿破崙❹❷第三的統治之下所作的那樣——這樣就不該逃避到旣不名譽也無價值的口實裏面去，向一個拿議會的形式紛飾門面、和封建殘餘混在一起、已經受到資產階級的影響、官僚主義地組成的用警察來保衛的軍事專制主義的國家，❹❸要求只在民主共和國裏面才有意義的物事，並且還要對這種國家宣誓，妄想能夠用『合法的手段』向它強求這些。

就是那把民主共和國當作千年王國看，但萬萬想不到恰

恰在資產階級社會這種最後的國家形態裏面階級鬥爭要澈底決鬥的庸俗民主派，就是他們比那種在警察許可而邏輯上不許可之內的民主派要高得多❹❹

事實上，他們把『國家』了解爲政府機器，或者是把國家看作一個由於分工而離開社會的特殊有機體，這個已由下面的句子表示出來：『德國工黨要求唯一的累進的所得稅作爲國家底經濟基礎等等。』賦稅只是政府機器底經濟基礎，而不是任何其他東西的基礎。在瑞士存在着的未來國家裏這些要求已經差不多實現了。所得稅要以各個不同的社會階級之各個不同的所得來源做前提，那末是以資本主義社會作前提的。所以利物浦的財政改革論者——以格拉斯東❹❺的兄弟爲首的資產者——提出和這個『綱領』相同的要求，是沒有什麼奇怪的。

B.『德國工黨要求下列各項作爲國家之精神的道德的基礎：

一，『由國家實施一般的平等的國民教育，一般入學義務，免費教育。』

平等的國民教育？他們在這些字句裏想像些什麼？難道他們相信在今天的社會裏（並且他們只有對今天的社會做工夫）教育對於一切階級都能夠平等嗎？或者他們要求上層階級也勉強把它的教育程度還元到最低教育——國民小學（只有這種最低教育才和不單工錢勞動者們甚而農民們的經濟關係相適合）嗎？

『一般的入學義務，免費教育。』第一個要求就在德

國也已存在着，第二個要求在瑞士和美國的國民學校裏實施着。如果在美國的幾個省份裏也有些較高的教育機關是免費的，這不過是在事實上從一般的稅收裏代上層各階級支付他們的教育經費而已。附帶地這也適用於『A組第五項所要求的免費裁判』。刑事裁判到處都是免費的；民事裁判差不多只是爲財產底爭執，那末差不多只是涉及佔有者階級。那末他們是要以國民錢囊來負担他們的訴訟費嗎？

關於學校那一段至少應該把專門學校（理論的實踐）與國民學校聯繫起來要求。

『由國家實施國民教育』這一條是應完全拋棄的。

用一般法律來確定小學底經費、教育人員底質量、教授底部門等等，以及像美國所實行的用國家監督人來監督這些法律規定底實施，是一件事，指定國家爲國民教育者是另外一件事！相反地，應該把政府和教會同樣地從對於學校的任何影響中排斥出去。在普魯士德意志帝國內，國家需要反過來由人民給它以嚴厲的教育（並且他們用：所討論的是一種『未來國家』那種腐臭的遁辭是無所裨助的，我們已經看到是怎樣一種事態了）。

整個『綱領』，儘管它有一切民主的聲響，完全由拉薩爾派對國家的隸屬信仰所傳染了，或者，也不更好些，給民主的神祕信仰所傳染了，或者毋寧說這個『綱領』是這兩種和社會主義隔離同樣遠的神祕信仰之一種妥協。

『科學的自由』在普魯士憲法的一條裏已經有了，那末，這兒爲甚麼還要提及呢！

『意識自由』如果他們在這個文化鬥爭❹❻的時候，使自由主義想起它以前的口號，那末，它只能在這樣的形態裏實現出來：每一個人都應該能夠實現他的宗教的以及肉體的需要，毋須警察干涉。但是工人政黨應該乘此機會說出它關於這個問題的自覺，資產階級的『意識自由』除了容忍一切可能種類的宗教的意識自由之外，就沒有其他的東西，而相反地工黨是要力圖把意識從宗教的妖氛中解放出來❹❼。然而他們情願不超過這個『資產階級的』水準。

現在我就要結束了，因爲附隨在『綱領』裏的附錄❹❽並不形成『綱領』底特徵的構成部份。所以我在這兒很簡單地概括之。

二，『標準勞動日。』

沒有那一國的工人政黨會限制在這樣一個模糊的要求上，而是經常地確定勞動日之在一定的情形之下它所認爲正常的長度。

三，『限制婦女勞動和禁止童工。』

勞動日底標準，凡關於勞動日底時間和休息等問題，已經應該包括婦女勞動底限制；否則，婦女勞動底限制只能表示從某些特別有害婦女健康或有傷女性風化的勞動部門中排除婦女勞動而已。如果想到這點，那末就應該說出來。

『禁止童工！』此地絕對需要指明年齡底限度。一般的禁止童工是和大工業底存在不相融的，所以只是空洞愚誠的希望。

一般的禁止童工之實施——即使可能——會是反動的，

因爲在按照各種年齡階段與根據其他保護兒童的方策來嚴格規定勞動時間的時候，生產勞動和教育之早期的結合是今天的社會底強有力的變革手段之一。

四，『工廠工業、作坊工業和家庭工業之國家監督。』

對於普魯士德意志國家還要切實要求檢察員只能經過司法來罷免，每個工人都能夠向法庭告發檢察員底違反職務；檢察員必須是醫師出身。

五，『監獄勞動底規定。』

在一個一般的工人綱領裏面是一個細微的要求。無論如何應該明白說出不容許拿侮蔑心理去虐待一般犯人像牲畜一樣，而來斬斷他們唯一的愉快手段之生產勞動，這是應該從社會主義者手裏期望得到的最低限度。

六，『有效的保護法。』❹❾

應該指出『有效的』保護法是什麼意思。

順便講一講，他們論標準勞動日之際忽略了工廠法之關於工廠衛生和預防危險的保護方法等等那一部份。一旦這些律條遭到違反的時候，『有效的保護法』應發揮作用。

簡言之，就是這個附錄也表明着是由不確切的校閱中而成的。

『我講了，我的精神得救了』（這是說我的義務完成了）。

附　註

❶參照『資本論』第一卷，第五章，第一節：『勞動首先是人類和自然之間的一個過程，在這個過程裏人類靠他本身的活動來媒介、來控制、來管理他和自然之間的物質交換。人類自己對向着自然物質就是一個自然力。他使動他本身所具的自然力，臂和脚，頭和手，以便佔領自然物質成爲自己可以使用的形態。他通過這個運動去作用到他外部的自然並改變這外部的自然，同時也就改變他自己的性質。』

❷參照『資本論』第二卷，第一章，第二節：『不管生產之社會形態怎樣，工人和生產手段始終是生產的要素。不過工人和生產手段依據着可能只能是處在互相分離的狀況下。爲了根本能夠生產，二者應結合起來。這種結合之實現的特殊方式就分別出社會構造的各個不同的經濟階段出來。』

❸盧騷（一七一二——一七七八年）——啓蒙時代的哲學家兼政治思想家。當作資產階級（第三等級）革命派的代表，他是一澈底資產階級民主主義底理論家。他是一個反對封建剝削、反對專制政治的熱情戰士。他擁護『人民主權』

底理論，這理論在甲可賓黨之平民的革命鬥爭裏得到了實現。他對於封建社會制度的批判是建築在天賦平等，人類之幸福的原始共產狀態，自然之優越性，以及關於文化和啓蒙之自然性質等等抽象而非歷史事實的學說。他的同時人叫他爲『自然使者』。馬克思在他的『「哥達綱領」評註』裏指出『哥達綱領』不指出社會制度及其發展法則之科學的階級分析來，反而在這兒重複着抽象的令人想起盧騷學說的理論。

❹拉薩爾（一八二五年——一八六四年），初起以律師爲業，政論家，在德國工人運動上起了相當大的作用。當六十年代之初，德國工人運動洶湧於全國之際，拉薩爾乘機創立了『德國工人總會』，這樣第一次建立了德國工人的不受資產者民主政黨支配的大衆政治組織。在這點上他建立了他的重要歷史地位。有一個時期，他接受了馬克思的影響，或者靠親身來往，或者用信札來往接近了馬克思，甚而自稱是馬克思的『學生』；但他沒有接受無產階級革命的立場。他在機會主義的途徑上指導他建立的那個政黨，提出了改良主義的口號，宣傳經過有着普選的『自由』國家（卽資產者國家），經過普魯士政府所補助的生產合作社來達到社會主義。在當時最重要的政治問題上，卽在德意志底統一問題上，因這問題或者由革命來解決，或者由普魯士所進行的王權戰爭來解決，拉薩爾却和俾斯麥訂了協定，勾結起來，直接在普魯士地主政府的手下幫助了普魯士的統一。列寧曾在一九一三年寫道：『拉薩爾和拉薩爾派看到統一之無產階級

的和民主的道路的命運少，就採取了動搖觀望的策略，遷就了地主俾斯麥的領導權。他們的錯誤引導這個工人政黨走向拿破崙式國家社會主義的歧途。』（列寧論『奧格斯德・倍倍爾』）在一九一五年列寧又說：『拉薩爾……在獻媚於俾斯麥的期間——是機會主義者。拉薩爾遷就了普魯士和俾斯麥的勝利，敷衍了意大利和德意志民主的民族運動之力量不足。這樣子，拉薩爾就偏到「民族自由主義的工人政策」的方向去了。關於這個問題，相反地，馬克思促進了和發展了一個獨立的澈底民主主義的與那種「民族—自由主義」之儒怯相反的政策（普魯士之參加一八五九年反拿破崙的戰爭給了德意志的人民運動以激動力）。拉薩爾之望上看遠過於望下看，給俾斯麥迷住了。俾斯麥的成功斷沒有理由來辯護拉薩爾的機會主義。』（『列寧全集』第十八卷第一三一頁）拉薩爾主義在德國工人運動底全部歷史中經常是機會主義者底旗幟，在世界大戰中，以及以後社會愛國主義者、社會法西斯蒂，屢次提出『回到拉薩爾去』的口號。

❺指『國際工人聯合會』即第一國際的『規約』（馬克思在一八六四年九月起草的）。規約的該部份是：工人之經濟地隸屬於勞動手段即生活源之私有下，種下了一切形態的奴役，社會的貧困，精神的愚鈍，政治的附屬。』

❻馬克思指的是拉薩爾和俾斯麥訂結的『協定』。馬克思和恩格斯早已料到此事之存在。他們的預料直到拉薩爾死後才證實。在一八六五年二月二十三日給柯格爾曼（Kugelmann）的信裏，馬克思關於此事曾這樣寫道：『無論如何拉

薩爾在事實上背叛了該黨，證據已經落在我們手裏，不久便會水落石出。他已經和俾斯麥發生了形式上的接觸（不成問題，任何種類的保證都拿不到手的）。在一八六四年九月底，他曾準備到漢堡去……強迫俾斯麥合併史萊斯維西·霍爾斯旦（Schleswig-Holstein），換言之，他曾拿「工人們」的名義來宣佈這個合併。對這件工作的報酬，俾斯麥答允普通選舉以及些許社會主義的膏藥。這是很可惜的：拉薩爾沒有能夠把這齣把戲表演到底。倘幹出來，這齣把戲一定會懲得他像可笑的蠢才一樣，並且一定會把他弄到以後所有這類的企圖再也沒有辦法嘗試就是了。』馬克思並沒有知道拉薩爾不是在死前不久，而是早已在一八六三年五月初就和俾斯麥定了協定。這也難怪，因爲這件事體直到一九二八年才偶然發見，結局才知道拉薩爾在『德國工人總會』是得了俾斯麥的默許而創立起來的。馬克思形容拉薩爾派是普魯士皇家的社會主義者，這並不是冤枉。關於這點，我們引用一八六三年六月八日拉薩爾給俾斯麥的信裏一段：『工人層方面可能轉移得過來……承認皇帝爲社會獨裁之自然的負責者去反對資產者社會的利己主義。倘皇帝方面……肯下决心……開劈一個眞正革命的民族方向並且親手把特權身分的君主國改成一個社會的革命的民衆君主國。』（見『俾斯麥和拉薩爾：他們的信件和談話』）

❼在『資本論』裏頭，馬克思稱生產物的總價值爲『諸生產物的價値』，因爲他標明那勞動在生產物上追加上去的，價值的新部份爲『新價値』，爲『新添加的價値』（參

照『資本論』第一卷第六章：『不變資本與可變資本』，第七章第三節：『西尼亞的最後的一時間』。關於『新價值』也請參照第十五章：『勞動力的價格和剩餘價值的大小相互關係』）

❽馬克思在一八七二年曾論過宗派社會主義。在他反駁巴枯寧的小册子：『第一國際內部被構意想出來的分裂』裏說：『反資產階級的無產階級的鬥爭的第一個階段，是拿宗派運動做標幟的。在無產階級尚未充分發展到能夠當作階級起來行動的時代，是可以稱爲正當的。孤零的思想家們對社會上種種敵對情形提出了批判和空想的解決，以爲只要工人們接受這些解決，當作完全無缺的東西去宣傳、實行就夠了。在這個以個人的創始性來建立的宗派傾向裏面已經存在有一個事實，就是他們親身離開一切實際活動很遠，離開政治，罷工，職工會，一句話離開一切集體的運動。無產階級大衆對他們的宣傳始終表示冷淡，甚致表示敵意。巴黎和里昂的工人們一點也不理睬聖西門派，傅立葉派，和伊加里派（Icarians）；同樣英國的憲章運動者，職工運動者也不理睬歐文派，這些宗派在初期對於運動發生了起重作用，但一旦運動本身追出了它們，它們就變成了障礙物，變成反動了。其偉大的證據，就是這些宗派在法國，在英國，以及最近拉薩爾派在德國阻礙了無產階級的團結，好多年之後，結局變成單純的警察底工具了。約言之，它們代表了無產階級運動的幼稚，正像占星術和煉金術代表了科學的幼稚一樣。』

❾馬克思在他的小著『住屋問題』裏頭，也批評到『不

折不扣的勞動所得』之『社會主義的』要求，並且論駁了法國小資產者社會主義者蒲魯東（見恩格斯給倍倍爾的信附註）的體系，因為蒲魯東也主張這個要求。他寫道：『並且這是明白的道理：凡在那由現代大規模工業來造成的（共產）社會的生產裏頭可能保障每個人得到「他的勞動的全部所得」，倘這句話還有點意義的話。並且這一句話只有一個意義，倘這句話伸展到不是每一個各別的工人成為「他的勞動的全部所得」的所有人，倒反而整個由完全工人們造成的社會，成為他們的勞動的總生產物之所有者，而總生產物之一部份，分配到社會成員中去消費，一部份拿去補充並增加社會的生產手段，還有一部份留下來當作生產和消費的儲備來源。』

⑬⑩參照列寧批駁拉薩爾的『不折不扣』或『全部勞動所得』。（見『國家與革命』第五章第三節：『共產社會的初步階段』）

⑬⑪在『反杜林論』裏頭，恩格斯關於要求平等的這個要求，寫了下列一段話：『所以在無產階級口中要求平等的這個要求，有兩個意義：或者一方面，尤其在運動剛剛開始的時會，例如在農民戰爭裏頭，是一個自然的反響，準對着呼痛的社會不平，準對着貧富的對立，封建地主和農奴的對立，溫飽和飢餓的對立；這樣的一個要求，原來是革命本能的一個單純的表現，並在這個表現裏頭，實在只在這個表現裏頭獲得他的正當性；或者另一方面，無產階級要求平等是當作一個反抗作用提出來的準對着資產階級要求平等，並且

還從資產階級的這個要求裏頭得出了或多或少正確的和更廣泛的要求，並且利用這種要求當作鼓動手段去喚起工人們去根據資本家自己的一些主張來反對資本家們；所以在這個時會，無產階級的這個要求和資產階級的這個要求站在一起落在一起。但在上述兩個意義的時會裏，無產階級的平等要求之實際內容是要求廢止階級。平等的任何要求倘越出這個意義的範圍，必然會變成荒誕。』

在他的著作：『無產階級專政時期的經濟和政治』裏頭，列寧聯繫到恩格斯的這個說明，寫道：『恩格斯老早就在他的「反杜林論」裏頭說明過這平等觀念是商品生產的關係的模像，倘這個觀念不當作「廢止階級」來解釋，那就會變成偏見。關於平等，資產者民主派的和社會主義者的觀念之間是有區別的，這個基本的眞理常常被人忘記着。倘人家沒有忘記這個眞理，他就可以明白：推翻了資產階級之後，無產階級就決定地向前進一步到廢止階級的階段，並且爲欲完成這個過程，無產階級必須繼續它的階級鬥爭，利用國家權力的裝置，並利用戰鬥的、起作用加壓力的一切方法加到被推翻的資產階級和動搖的小資產階級上去。』（『全集』第七卷：『國家與革命』）在這書裏，列寧一部份引用了、一部份撮錄了並發展了馬克思在這個『批判』裏頭提出來的思想。

關於共產主義初期的『公平』和『平等』，列寧曾在『國家與革命』裏頭寫過下面的一段話：『共產主義初期還拿不出「公平」和「平等」來，在富足上還有差別並且不公

平的差別還存在。但是，這一個剝削別一個的這種剝削已經是不可能了。因爲生產手段：工廠，土地，機器，已經不能當作私有財產割據在身邊了。馬克思在擊破拉薩爾的小資產者的曖昧的一味「平等」「公平」之類的美名之際，曾指示了共產社會的發展步驟。這個共產社會初起還只能僅僅除去個人佔領生產手段的那種不公平，暫時還沒辦法除去那廣義的，卽消費手段要按照勞動成績（而不按照需要）來分配的，不公平。』

聯共在進行鬥爭去反對『左』派在工錢問題上的平等主義之際，完全根據馬克思和列寧關於共產社會初期的學說。斯大林強調了這點，在他的在經濟專家會議席上的有歷史意義的演說裏說：『馬克思和列寧說：就算在社會主義裏面，就算消滅了階級之後，但也還有熟練勞動和不熟練勞動的分別。並且要到共產主義社會裏面方始消滅。所以，在社會主義下面，「工錢」必須仍舊按照成績，還不能按照需要來測定。但在經營家和職工運動者們裏面，我們的平等主義者們却不同意這點，甚且以爲在我們的蘇維埃制度裏面，上述這種分別已經不再存在。究竟那方面對？馬克思和列寧對呢？或者平等主義者們對呢？我們總不得不承認馬克思和列寧有道理。這就是說今天那一個要在平等主義的原則上建立租稅制度，而不顧慮到熟練和不熟練勞動者之間的分別，那末，他就毀滅了馬克思主義，也毀滅了列寧主義。』（斯大林：『新情況和新任務』一九三一年）關於這點也請看斯大林和德國著作家愛米爾•魯特維西（Emil Ludwig）的談話，一

九三一年。

❶❷ 在他的『國家與革命』裏面，列寧說明並發展了馬克思的論點如下：『因此，在共產主義社會的第一階段中（普通稱爲社會主義），「資產階級式的權利」並沒有完全消滅，所消滅的只是一部份，只限於已經達到的經濟改革範圍內的部份，也就是說，只是對生產手段的關係而言的。「資產階級式的權利」承認生產手段是個人的私產，社會主義把它們變爲社會的公產。在這一點上，而且只有在這一點上，「資產階級式的權利」是不復存在了的。

『但是「資產階級式的權利」之其他部份，依然是存在的，它現在成爲社會各份子間生產品分配和勞動分配的調節者（决定者）。「誰不做工，誰就不應有飯吃」，這個社會主義的原則已經實現了；「等量勞動可以獲得等量的生產品」，這個社會主義的原則也已經實現了。然而，這還不是共產主義，且這還沒有消滅給不同的人們之不等量（實際上的不等量）勞動以等量生產品的「資產階級式的權利」。

『馬克思說這是一個「缺點」，但是這在共產主義底第一階段中是不可免的；因爲，要不陷於烏託邦主義，我們就不能以爲推倒了資本主義之後，人們就立刻會知道爲社會勞動而不需要任何權利底標準，而且，資本主義底消滅，並沒有立刻就造成這種變遷底經濟前提。』

❶❸在一九一九年十二月列寧聯繫到『共產主義者的星期天』，寫道：『倘若我們自己問問自己究竟怎樣把共產主義和社會主義分別開來，那末我們一定說：「社會主義是直

接從資本主義裏頭生長出來的社會，說這是新社會的第一個形態。另一方面，共產主義是社會的更高級的形態，這個形態祇有社會主義已經獲得堅固不動的根基的時候，才能夠發展。社會主義首先要有不靠資本家的勞動，要有社會的勞動在勞動大衆的最前進部份即有組織的先鋒隊的嚴密的計算、管理、監督之下；並且還要確定勞動的範圍和程度，以及對勞動的補償額。這些事體必須預先確立，因爲資本主義社會還留剩了在一切農業國裏盛行着的分散的勞動，對社會經濟的不信任，小私有者的舊習氣等等之類的殘餘和習慣給我們。這一切對眞正共產經濟是背道而馳的。另一方面，凡無須任何強制裝備人類已慣於自動實現社會的義務，凡爲公共幸福計，不必付工錢的勞動，已變成普遍的現象，這樣一個制度，就叫做共產主義。』（『全集』第二十四卷）又見列寧的論文：『從幾百年的一個社會秩序的破壞到一個新社會的建設』（『全集』第二十五卷）

⑭在『資本論』第二卷裏馬克思說：『並且不到生產方式的性格裏頭去發見那相符的流通方式的基礎，反而倒轉來看。這種看法是和唯利是圖的資產者的眼界一致着。』生產和分配、交換以及消費的關係問題是由馬克思詳細分析在他的未完成的『政治經濟學批判序言』（一八五七年）裏。

在列寧的論文：『人民主義的經濟內容以及斯脫魯維先生在他的書裏對人民主義的批判』（一八九四年）裏，他曾提到『哥達綱領』上引的一段並且說：『馬克思拿庸俗社會主義到科學社會主義下面去對照過：科學的社會主義决不付

與重要的意義給分配。科學的社會主義，通過生產關係的組織，去分析明白社會秩序，科學的社會主義認到生產關係組織的一定體系已經包含着分配的一定體系在它自己裏面，這個見地一貫的貫徹在馬克思的整個學說裏面。』

⑮第一國際規約序文在字面上這樣寫着：『工人階級的解放……必須由工人階級自己來爭取……』

⑯從略

⑰見恩格斯給倍倍爾的一八七五年三月十八日的那封信。（本書第五節）

馬克思和恩格斯在批駁這個口號的時候常常指出無產階級的團結的意義；他們強調了市紳民主革命的生長到社會主義革命的生長過程的莫大意義。恩格斯在一八八二年十一月二日寫給伯因斯坦說；『倘有人以爲下次的革命要世界分成兩支軍隊，我們站在這邊，一個反動集團站到那邊去才幹得起來，那末，這種見解是孩子氣的見解。』

這個見解的意思不外是：『革命要從第五幕開始，不要從第一幕開始，但在第一幕裏一切反對黨派的羣衆都一齊站起來反抗政府和它的工具而得到勝利之後，然後勝利者方面的各個黨派，一個一個用完他的力量，做完他的工作，一個一個不中用下去。這樣子到結局把人民大衆整個推到我們這方面來的時候，這時候，那有名的全線進攻的大決戰才能出現。』並且列寧也曾講到這個問題如下：『倘相信社會革命沒有各處殖民地的和歐洲的弱小民族的起義，沒有具有一切偏見的小資產階級的一部份的爆發，沒有落後的無產的半無

產的大衆的運動來反抗財產所有人的和教會的枷鎖，反對專政君主的和民族的壓迫也可以設想——倘相信這個，那就是拒絕社會革命。只有幻想一方面有這一支軍隊集結起來高呼：「我們擁護社會主義」，另外一方面有另外一支軍隊集結起來高呼：「我們擁護帝國主義」這樣幻想起來，這幻想才是「社會革命」！』

誰要靜待一個純粹的社會革命，他就終生也體驗不到這個革命，他也只是在口頭上的革命家，現實的革命不是他所能理解的。

一九〇五年的俄國革命是一個資產階級民主主義的革命。它包括全人口的一切不平等的階級集團以至份子的一個排列的鬥爭，大衆的運動在客觀上明明替沙皇掘了墳墓，替民主主義開拓了道路，因此有階級覺悟的工人們才起來領導了這個革命。歐洲的社會主義革命，除了一切以至每個被壓迫的不平的人們的大衆鬥爭的爆發之外，不可能有其他的東西。』

⓲❽見馬克思和恩格斯共著『共產黨宣言』（『解放社』版，成仿吾、徐冰譯，第二十八頁）

⓳❾這裏借用的『宣言』的文句是這樣寫着的：『那較低的中等階級，小工業家，小商人，手工業者，農民——他們全部都進行鬥爭反對資產階級，想挽救他們的中等階級的地位，所以他們不是革命的，而是保守的。不僅如此，他們且是反動的，因爲他們企圖使歷史的車輪向後轉動。倘他們有時是革命的話，那就是因爲他們看到自己眼前就要轉入無

產階級的隊伍，那就是因爲他們不是保護他們現在的利益，而是保護他們將來的利益，那就是因爲他們離開了自己的觀點而站到無產階級的觀點上來。』

❷⓪此地所指國會選舉，是在一八七四年舉行的。

❷❶參閱本文附註❻。

❷❷馬拉（一七四三——九三年）是法國大革命的最出色的一個人物，最堅強的革命煽動家之一。馬克思所稱柏林的馬拉，是諷刺拉薩爾派的機關報『新社會民主報』的總編輯哈塞爾曼。

❷❸第一國際，卽『國際工人聯合會』（一八六四——七二年），在馬克思的領導之下『打下了工人階級的國際組織的基礎，準備他們的革命的進攻，對着資本主義』。（『列寧全集』二十四卷）在他的論文：『卡爾·馬克思』裏頭，列寧撮記了第一國際的歷史如下：『在（十九世紀）五十年代末年和六十年代民主運動的再生時代，又叫馬克思進到實踐的活動裏去，在一八六四年九月二十八日「國際工人聯合會」——有名的第一國際——在倫敦創立了。馬克思就是這個組織的心臟和靈魂；他是第一國際的第一個告同志書、決議案、宣言等等的著作者。靠組織各國工人的運動，靠竭力引導各式各樣非無產階級的馬克思以前的社會主義（意大利的馬志尼派，法國的普魯東，無政府的巴枯寧，英國自由主義的職工運動派，德國的右傾的拉薩爾派）到共同努力的路線上來，靠批判一切這些宗派和學派，馬克思鍛煉了一個統一的策略給各國勞動階級的無產階級的鬥爭。自從巴黎公社

失敗之後（一八七一年）……自從第一國際給巴枯寧派分裂之後，這個組織在歐洲就不能存在了。自從一八七二年第一國際的海牙大會之後，馬克思把第一國際的總評議會遷移到紐約去了。第一國際盡了歷史的作用，並且，開闢了一條道路讓世界的工人運動得到了一個大大生長的時期，這個時期實際上工人運動在廣大規模上生長了，並且在個別的民族國家裏頭有大衆的社會主義工人政黨創立起來了。』『共產國際綱領』的序文裏有下列一段：『……當作統一無產階級的統一而集中的國際政黨——共產國際，是繼承第一國際的各項原則並在革命無產階級運動的新大衆的基礎上實現出來的唯一政黨。』

❷❹請看『共產黨宣言』三〇頁第一段，又三九頁第末段。

❷❺在一八九〇年恩格斯描寫俾斯麥的外交政策如下：『一八五九年的那個戰爭也驚醒了普魯士。普魯士把軍隊差不多增加了兩倍，並且拿出一個至少在某點上在不擇手段這點上可以和俄羅斯的外交手腕抗衡的人物出來當舵。這人就是俾斯麥。當一八六三年波蘭起義之際，俾斯麥站在奧國、法國、英國的反對方面，裝腔作勢的左袒俄羅斯，並用盡方法來幫助俄羅斯獲取勝利。這個工作就確確實實使俄羅斯皇帝放棄了他對史萊斯維西·霍爾斯旦問題的向來政策。在一八六四年經過沙皇的同意，這塊俄國的領土就脫離了丹麥，於是普奧戰爭在一八六六年就起來了；這時候沙皇看到奧國又遭一次懲罰，又看到他的唯一忠僕，雖在一八四九年——五

○年吃了幾脚之後仍舊忠實的——普魯士的勢力增加起來，便十分高興。一八六六年的普奧戰爭之後接連就有一八七○年的普法戰爭 。那時沙皇又站在普魯士方面幫助他的『老叔』；他直接去威脅奧國，這樣子，就剝奪了法國的能夠挽救法國於一敗塗地的運命之中的與國。但是一八七○年的沙皇亞歷山大，正如一八六六年的拿破崙第三一樣，看到德國軍隊這樣迅速的勝利就覺得上當了。』（『俄羅斯沙皇的外交政策』，『 新時代 』，一八九○年 ）論到普法戰爭的意義，列寧寫道：『在普法戰爭中，德國搶刼了法國，但是，這個搶刼改變不了這個戰爭之基本的歷史意義；這個戰爭從封建的離心傾向又從兩個專制皇帝俄羅斯的沙皇和拿破崙第三手中解放了數千萬德國民衆。』（見『社會主義和戰爭』）

❷❻『國際自由和平同盟』，是資產階級民主派和自由貿易和平主義者們的國際組織。 在六七十年代之間， 當這『同盟』在一八六七年成立之際，第一國際在馬克思的推動和領導之下進行了決定的鬥爭反對這個『同盟』。這個『同盟』的口號是『各民族底聯合』和『歐洲聯邦』。

❷❼巴黎公社失敗之後，俾斯麥企圖在一八七一年到一八七二年之間訂結一個德、奧、俄三國的具文條約，以便共同迫害革命運動，特別迫害第一國際，結果，雖沒有達到訂定具文條約 ， 但列強的政府竟一致行動起來對付革命運動了。

❷❽『北部德意志一般新聞』，俾斯麥的機關報。在一八七五年三月二十日（ 第六十七號 ）上發表了一個社論：

『關於社會民主黨的綱領草案』，在這個社論裏特別着重指出了『綱領』的第五點卽馬克思在『批判』裏論到的這第五點，關於這第五點該報社論說：『社會民主黨至少在一方面看來好似想親自脫離第一國際的影響到某個程度』，『社會民主黨的煽動工作從各方面看來已經很聰明了』，『已謝絕了第一國際。』

❷❾恩格斯對於『哥達綱領』「『國際主義』和馬克思具同一見解，他在一八七五年八月十三日寫給倍格爾（F.Becker）的信裏這樣說：『在德國……自從和拉薩爾派合併之後，和第一國際的聯繫——至今在任何時會都已經很鬆懈——就完全給破壞了。

❸⓪拉薩爾表明這個法則如下：『這個鐵的經濟法則在今天的關係之下，在勞動供求的支配之下，決定着工錢的這個鐵的經濟法則就是平均工錢始終停留在降到最低的生活必需的限度上……這個限度爲維持生存和生殖起見是必需的。』（公開的書函答覆給中央委員會，爲了召集全體德國工人大會於萊伯齊西，秋里希，一八六三年；見拉薩爾：『講演和著作』，柏林一九二六年『政治的古典作家』，第十五卷，二二三頁）又見恩格斯在一八七五年三月十八至二十八日給倍倍爾的信裏對這個法則的批判。（本卷第五篇）

❸❶蘭格（F.A.Lange）一八二八——七五年），德國新康德派唯心論哲學家，小資產階級民主主義的言論家，社會改良主義的著作『工人問題對現在與將來的意義』（一八六五——一八七四年）的作者。

❸❷馬爾薩斯（Thomas Robert Malthus 一七六六——一八三四年）英國經濟學家。在他的著作『人口論』裏，他展開了一個意見說世界上有一個永遠不變的人口法則，就是人口數是按照幾何級數(1,2,4,8,16…)而增長，反之，維持人口所必需的食料只跟着算術級數（1,2,3,4,5…)而增長的。據馬爾薩斯的意見，結局貧困的根據是在人類無限制的生殖努力和必要營養手段的有限制的增加之間的自然矛盾裏。馬克思稱馬爾薩斯的這部書是對人類的一個侮弄，他指摘了馬爾薩斯的所謂『法則』的無聊，並且證明了『實在每個特殊的歷史的生產方式具有這個生產方式特有的適合一個歷史階段的人口法則』。（『資本論』第一卷第二十三章，又見『馬爾薩斯理論的批判和資本主義生產方式的人口法則之敍述』）

❸❸拉薩爾死於一八六四年九月的決鬥。

❸❹恩格斯在他的著作『英國工人階級的現狀』裏頭描寫了資本家的工錢奴隸如下：『工人在法律上，在實際上，都是財產佔有階級的資產階級的奴隸；實足是一個奴隸，實足到他好像一個物品可以販賣，價格或漲或落，像商品一樣。倘市場上對工人的需要增加，工人的價格就漲起來，倘需要低落，則價格也低落下去。倘工人的價格低落得太利害，低落到一批工人賣不出去的話，倘他們像資本家所說「放在囤倉裏」，那就是說他們閑散着，失業着；又因爲閑散不能過活，所以他們只好餓死。工錢奴隸和舊時明打明的奴隸之間只有一個分別，就是今天的工人好像是自由的，因爲他並不一次交割地整個出賣本身，而是一點一點出賣，一天一天，

一星期一星期，一年一年出賣；又因為他沒有任何所有人來出賣他給別人，反而因為他不是那一個個人的，而是整個財產佔有階級的奴隸，所以他只好這樣販賣他自己。替他着想，實際情形在基本上毫沒有變化，並且倘這個表面上的自由在一方面也多少拿了一點現實的自由給他，但在另一方面，他也遭受了沒有任何人來保障他的生存的這樣一個不利，換言之，他時時刻刻有被主人卽資產階級拒絕於門外弄到餓死的危險。總之，倘資產階級已經沒有興致來僱用他，他的生存馬上就成問題。反之，資產階級却不同，他們在這樣一個社會秩序裏頭比在舊時奴隸制度裏頭好得多，他們可以隨便開除僱用人員而不必犧牲一點投下資本，並且正如斯密亞當很安慰的指出過，他們可以獲得非常便宜的勞動，要比奴隸勞動便宜得多。

❸❺路易斐立普（一七七三——一八五〇年）法國『七月君主國』時代的皇帝。一八三〇年的七月的革命，給他乘機做了皇帝，一八四八年的二月革命，結束了他的統治。

❸❻蒲賽（一七九六——一八六五年）法國歷史家和著作家，在十九世紀的四十年代，他是法國舊教『社會主義』運動的領導者，他要求拿國家補助來建立生產合作社，作為鬥爭手段，來對付當時生長起來的革命運動。

❸❼『作坊』（Atelier）法國（巴黎)的第一個工人刊物（月刊），這個刊物的同事和編輯完全是工人（一八四〇——一八四八年）。『作坊』派的集團，站在蒲賽的反動舊教社會主義的影響之下，在政治上，這派支持資產階級的急

進派。

❸❽『至今——列寧在一九一六年秋關於這個題旨寫道——這個題旨，對於社會主義者是被認爲不可爭論的眞理的。在這個題旨裏面含有國家的承認只要勝利的社會主義還有一天沒有生長到完全的共產主義。』（『列寧全集』第十九卷二八九頁）叛徒考茨基在一九二二年把馬克思的這個題旨，改變了花樣如下：——在純市紳階級和純無產階級所支配的國家之間，有一個由這一個到那別一個的轉變的時期，適合這個時期也有一個政治的過渡時期，這時期的政府在通則上會形成一個聯合政府的形態（考茨基：『無產階級革命及其綱領』，一九二二年，一〇六頁）。這樣子考茨基製造了一座橋樑，以備社會民主主義過渡到社會法西主義。

❸❾列寧在他的『關於「哥達綱領批判」筆記』裏面，關於這點加了下述的一個意見：『這是一個責難，這是明明白白的。這個責難從下述一段文章裏看得出來，這個「綱領」一味從事於陳舊的民主主義的禱告，並沒有想到無產階級革命專政以及共產社會裏的國家問題。』

❹⓿從略。

❹❶德國人民黨或民主黨——建立於一八六五年九月，改組於一八六八年九月之黨大會。該黨是德國尤其南部各中小邦國的反政府並且一部份贊成革命的小資產階級政黨。該黨提出了建立德意志民主共和國的口號來反對俾斯麥的把整個德國統一在普魯士君主專制和封建貴族的霸權之下的統一政策。該黨和國際的『自由和平同盟』（見本卷附註）有密

切聯絡，並且竭力想在工人裏面得到勢力。也促成了各種工人教育會，並且在『德國工人聯合會』週年大會裏起了領導作用。差不多完全由工人聯合會的會員組織起來的薩克遜的人民黨組織，是李卜克內西和倍倍爾的根據點，他們兩個就在人民黨的範圍內號召了獨立工人政黨的建立。後來在馬克思和恩格斯的推動之下，李卜克內西和倍倍爾兩人在一八六八年九月在德國的工人聯合會紐倫倍爾西大會上通過了工人聯合會加入第一國際的議案。又一年以後，即在一八六九年八月的工人聯合會的大會上創立了一個社會民主的工人政黨。於是人民黨對工人的影響頓形消滅了。

❹❷指的是拿破崙第三——法國皇帝（一八五一——一八七〇）。

❹❸提到馬克思關於新阿亨措倫日耳曼帝國憲法的這個批判，列寧在一九一五年寫道：『馬克思估計這個「德意志憲法」之現實的本質要比數百個歌頌「法治國家」的資產階級的教授們、著作家們更深刻到萬倍，他們這批教授和著作家在那批德國的恩主的成績和勝利面前只好五體投地在地上爬。馬克思估計某個政治之階級的本質之際，決不讓既存的瑣碎事件來引導他，反而讓國際民主運動和國際工人運動的總經驗來引導他。』

❹❹在他的『關於「哥達綱領批判」的筆記』裏面，列寧加了下述一個意見：在這些話裏面，馬克思好似早已看出考茨基根性的整個陳腐（見本卷第一〇二頁）

❹❺威廉格拉斯東（ William Gladstone 一八〇九——一

八九八年），十九世紀後半期的英國自由黨的著名首相。此地所提的是他的兄弟勞勃生•格拉斯東（一八〇五——一八七五年），利物浦的大商人。自由黨竭力宣傳累進所得稅，尤其主張要課加在大地主身上。

❹❻『文化鬥爭——列寧寫道——就是俾斯麥在七十年代用警察迫害德國舊教政黨「中央黨」的一個鬥爭。經過這個鬥爭，俾斯麥只有加強了舊教的戰鬥的僧侶主義，只有危害了現實的文化事業；因爲他不把政治的分派而把宗教的分派推到歷史的舞台的前面，來藉此引誘工人階級的某些成份和民主運動的注意力離開階級鬥爭和革命鬥爭的迫切任務，而轉移到完全浮表的、虛僞的、市紳的反僧侶運動上去。』（見列寧：『論宗教』）

❹❼參照列寧（一九〇七）說：『工人政黨雖在對國家的關係上把宗教當作私事看，但在工人政黨自己，對馬克思主義的關係上，决不把宗教當作私事看。』

❹❽這個附錄，已包含一些在今天的社會裏面對抗資本勢力保護工人階級的要求。第一點是要求集會完全自由；關於這點，馬克思沒有論評。（因爲這是已經成爲常識的一個要求）。

❹❾就是說在意外事件勃發之際，和在有害健康的企業裏面對工人的康健和生命應負責任。

馬克思、恩格斯關於
「哥達綱領」的通訊

恩格斯給倍倍爾的信

親愛的倍倍爾！❶

我接到了你二月二十三日的信，並且很欣慰你的身體康健。

你問我，我們對於合併的經過取什麽態度。可惜我們所處的境地和你的一樣。李卜克內西以及其他人都沒有一點消息寄給我們。因此，直到大約八日前到來了綱領草案之前，我們所知道的也只是報紙上所登載的而已，而且報紙上也沒有登載什麽。這個草案實在使我們大吃一驚。

我們的黨屢次伸手向拉薩爾派要求和好或者至少要求合作並且屢次遭哈仁克勒夫、哈塞爾曼和透爾格❷等人那樣侮蔑的拒絕，每個小孩都應該從此得到這樣一個結論：就是如果這批先生們親自來要求和好，那他們一定是處於絕境了。論到這些人們底世人皆知的性格，那末，我們的責任，就是利用這種絕境以取得一切可能的保障，使那些人們不能夠損害我們的黨而恢復他們在公開的工人思想裏面已經動搖的地位。我們正應該拿極冷淡的不信任的態度去對待他們，並且合併底問題要看他們準備放棄他們宗派口號和國家輔助到什麽程度以及根本上採用一八六九年❸的『愛森拉赫綱領』或者這個綱領之合乎今日需要的修正案到什麽程度而定。我們

的黨在理論方面，即是在對於綱領之最主要方面絕對不能從拉薩爾派學習；然而，拉薩爾派倒可以從我們的黨學習；合併底第一個條件是他們必須停止爲宗派者，即停止爲拉薩爾派，那末，他們首先把那所謂『國家輔助』這救世靈丹卽使不完全放棄但無論如何要把它當作一個附屬的過渡辦法來承認放在其他許多可能的辦法之下或者並排在一起。

綱領草案證明我們的人們在理論上要比拉薩爾派底領袖們高超百倍——而他們在政治的敏銳性上亦同樣很少增加；『誠實者』❹又一次給不誠實者粗暴地欺凌了。

第一，接受了拉薩爾派吹得震天響但在歷史事實上錯誤的語句：『和工人階級對立的所有其他的階級只是一個反動的集團』❺。這個命題只在個別的例外場合裏是眞實的，例如在巴黎公社那樣的無產階級底革命裏面，或者在一個不單資產階級已經把國家和社會按照它的意像來鑄成，並且民主的小資產階級層也跟着資產階級澈底實行了這種改造的國度裏是眞實的。例如在德國，如果民主的小資產階級屬於反動的集團，那末，社會民主工黨怎能和人民黨❻手攜手合作了那麼多年？『人民國家』❼報怎能接受了小資產階級民主派的『弗蘭克府』報❽之差不多全部的政治內容？並且怎能採納不下於七個之多的要求——這些要求是直接地而且字句上都符合於人民黨和小資產階級民主派底綱領的——到這同一的綱領裏來呢？我說的七個要求是從1到5以及從Ⅰ到Ⅱ，其中沒有一個不是資產階級民主主義的。❾

第二，工人運動國際性底原則今天在實踐上已遭完全否

認了，並且是被那些五年來在最困難情况下以最光榮的方式高舉這個原則的人們來否認的。德國工人底地位所以站在歐洲運動之前，根本上是基於他們在戰爭期間的眞正的國際態度之上的；沒有其他的無產階級表現得這樣好⑬⑩。然而，現在這個原則正値在外國工人們到處在同一程度上強調這個原則以及各國政府也在同一程度上竭力鎭壓想在組織活動裏實現這個原則的任何企圖的時候，這個原則竟被他們否認了！那末，從工人運動底國際主義上剩下來的還有什麼？暗淡的展望——不曾一次地看到歐洲工人們爲他們的解放之今後的共同努力——不，只望到將來的國際的民族團結——只望到和平同盟的資產階級之『歐洲聯邦』！

當然一點也用不着說第一國際是這樣的。但是至少不該比一八六九年的綱領倒退，也不應該說；雖然德國工黨首先在它所處的國境之內活動（它沒有權利用歐洲無產階級底名義來講話，尤其不應講錯），但它意識到它和各國工人的連帶關係並且經常準備着，如像過去以及在將來，履行這個連帶關係所課加在它身上的義務。這種義務即使不直接宣佈或承認爲『國際』底一部份也仍是存在着的，例如，救濟阻止罷工裏面的搗亂，黨機關報上報告外國運動與德國工人反對恫嚇着的或正値爆發的內閣戰爭的鼓動，像在一八七〇——一八七一年所實行之模範作用的態度等等。

第三，我們的人們讓拉薩爾底『工錢鐵則』⑬⑬橫加在他們頭上，『工錢鐵則』是基於一個完全陳腐了的經濟見解之上的，就是說：工人平均只得到工錢底最低額，因爲根據

馬爾薩斯人口論，工人總是過多的(這就是拉薩爾底論證)。但馬克思已在『資本論』裏詳細指出，那支配工錢的法則是很複雜的。跟着各種情況，一時這個因素一時那個因素重要些，那末，這個法則决計不是鐵的，而相反地是很有伸縮性的，所以决不像拉薩爾所想像的那樣用三言兩語便可了結的。拉薩爾從馬爾薩斯和李嘉圖那兒抄襲來的（並且改竄了後者）那個法則底馬爾薩斯論據，例如拉薩爾的『工人讀本』第五頁從拉薩爾另外一本小册子⑪❷裏引用過來的，已被馬克思在『資本底積蓄過程』（見『資本論』第一卷二十三章）那章裏面批駁得很詳細。那末，因接受了拉薩爾底鐵則之故，他們已走向一個錯誤的命題以及他的錯誤根據。

第四，『綱領』提出了拉薩爾之極露骨方式的『國家輔助』當作唯一的社會要求，正像拉薩爾從蒲塞那爾所剽竊來的『國家輔助』一樣。而這是在白拉克很詳善地指出了這個要求的全部無用之後⑪❸；這是在差不多一切人（不需要我們黨底一切演講人都出來在反對拉薩爾派的鬥爭中）反對這種『國家輔助』以後！我們的黨不能再更低深地服從了。國際主義向亞曼．葛格⑪❹去低頭，社會主義向資產階級共和主義者蒲塞去低頭，而蒲塞是準對着社會主義者提出這個要求以便排擠他們的！

即在最好的場合內拉薩爾派所謂『國家輔助』在許多其他的方法內不過只是一個唯一的辦法，來達到這兒用麻痺字句說出的那個目的：『為欲開拓社會問題底解决』，好似對於我們還有一個理論上沒有解决的社會問題的樣子！那末，

如果有人說：『德國工黨力圖經過在工業上農業上以及在全國規範上實行合作社的生產，以廢除工錢勞動以及階級差別；它擁護一切眞正能達到這個目標的辦法！——這樣拉薩爾派是不會有一點反對的。

第五，關於工人階級通過工會組成爲一個階級的這件事情，一句話也沒有提到。而這是一個根本的要點，因爲這是無產階級底固有的階級組織，在這裏面無產階級實行着它和資本的日常鬥爭，在這裏面無產階級訓練自己，這個組織到今天，就像現在巴黎那樣處在最惡劣的反動情形之下也不能完全破壞。在這個組織在德國也已經達到了的重要性上，我們以爲在『綱領』裏指出它的重要性並且在黨的組織裏公開給它儘可能留下一個地位是絕對必要的。

我們的人們把這一切都討好於拉薩爾派了。那末，什麼是對方的報答呢？在『綱領』裏列舉了一堆相當糢糊的純民主主義的要求，其中多數是純粹的時髦物，例如，所謂『人民立法』，這在瑞士已經有了，如果它一般地能作些甚麽，那末它所做的是害多益少。人民管理，這還有點意思。同樣缺乏着一切自由底第一個條件：一切公務員對於他們的一切職務行爲應向每一個國民在普通法庭前按照公法來負責的。關於在任何資產階級自由主義的綱領裏列舉的而在這個『綱領』裏不免奇異的要求如『科學自由』，『意識自由』，我不想再說下去。

自由的人民國家改變爲自由的國家。照文法來講，一個自由的國家是這樣一個國家，卽對於它的公民是自由的，那

末是一個具有專制政府的國家。應該取消一切關於國家的空談，尤其從巴黎公社以來，公社早已不是原來意思的國家了。『人民國家』是無政府主義者很討厭地誣責我們的，不顧馬克思之反蒲魯東的著作⑮以及後來『共產黨宣言』⑯都早曾直接說過：跟着社會主義社會秩序底實現，國家會自行解體與消失。因爲國家只是一個過渡的制度，在鬥爭中，在革命中可用以強力鎮壓它的敵人，所以『自由的人民國家』是純粹的胡說：只要無產階級還在使用國家，它不是爲了自由底與味來使用它，而是爲了鎮壓它的敵人，如果能夠說到自由的時候，那末，國家就會停止其爲國家了。⑰所以我們提議到處用德文的公共組織（Gemeinwesen）來代替『國家』，這一個好的德意志古字，能夠很好地代表法文的公社（Kommune）。⑱

『廢除一切社會的政治的不平等』來代替『取消一切階級差別』那句話，也是很値得考慮的語句。隨便那國，隨便那一省，隨便那個地方，總是存在着生活條件底某種不平等。我們可以把它減少到最小限度，但從不能完全除去。亞爾波斯山裏的居民與平原上的居民總是有着另外的生活條件。把社會主義社會當作平等底國度的觀念是一種法蘭西的片面的觀念，是依據着陳舊的『自由平等博愛』的意思，這個觀念被視爲那個時代和那個地域底發展階段是正當的，不過這種觀念像一切以前的社會主義派別底片面性一樣，現在應當克服下去，因爲這些只能惹起頭腦中的混亂，並且現在已經找到了事物之精確的表現方式。

我停止吧，雖然這個編得這樣乾燥無力的『綱領』差不多每一句都應當批評的。是這樣的，如果這個『綱領』被採用了，馬克思和我永不能承認在這個『綱領』底基礎上所建立的新黨，並且我們不得不嚴重考慮我們對於它應該採取什麼態度——而且也要公開的⑲去對付這個新黨。你想想看，在外國有人把德國社會民主工黨底每個表示與行動都責成我們兩個負責的。巴枯寧在他的著作『政治和無政府』⑳裏就是這樣作，在那兒凡是李卜克內西㉑自從『民主週刊』㉒創辦以來所說所寫的不加思索的一切語句都要我們承認。人家在猜想着，我們從此地指使着整個事件，不過你們一定像我一樣知道，我們差不多從來無有干涉黨內事件，只有我們認爲對於錯誤處置的不澈底時，然而也限於理論上的錯誤，我們依據着可能重行改正之。但是你可以理解到，這個『綱領』形成了一個轉點，這個轉點很容易逼迫我們拒絕對於承認這個『綱領』的政黨的一切責任。

一般講來一個政黨底正式綱領要比它的實際作的不很重要些。但是一個新的綱領究竟總是一面公然樹起來的旗幟，而且外界也根據綱領來判斷這個政黨。所以這個『綱領』與『愛森拉赫綱領』相比，不能含有退步。應該想一想，別國的工人們對於這個『綱領』將會說些什麼：整個德國社會主義無產階級在拉薩爾派面前的屈膝會造成什麼一種印象。

同時我深信，在這樣一個基礎上的合併將不會繼續到一年之久。難道我們黨底優秀份子還參與吟奏那背誦熟了的拉薩爾關於『工錢鐵則』以及『國家輔助』的命題嗎？我願意

譬如叫你試試看！如果他們作的話，他們的聽衆將會把他們吁出去。我相信拉薩爾派恰恰固執於綱領底這些章段上，如像猶太人史洛克❷❸堅持他那一磅肉一樣 。 分裂將會到來的；不過我們又會替哈塞爾曼、哈仁克勒夫和透爾格及其同黨們『抬高聲價』；在分裂中，我們將會削弱些，而拉薩爾派會強大些；我們的黨將會喪失其政治上的純潔並且再也不能反對拉薩爾底贅言，因爲我們一時期曾自己把這些贅言寫在旗幟上；並且如果拉薩爾派以後再說道：他們是本來的唯一的工人的政黨，而我們的人是布爾喬亞，那末，這個『綱領』就可以爲之證明。『綱領』裏面一切社會主義的辦法都是他們的，至於我們的黨除了小資產階級民主主義底諸要求之外，沒有添加任何東西，而這小資產階級民主主義也被他們在同一『綱領』裏稱爲『反動羣衆』底一部份了。

我會把這封信擱在一邊，因爲你到四月一日慶祝俾斯麥生辰❷❹的那天會被釋放的，而且我不願意這封信在偸運時有被捜去的命運。恰巧，白拉克的信來了，他對這個『綱領』也抱着重大的疑慮， 願意知道我們的意見。❷❺因此， 我把這封信寄給他，好讓他閱讀並且我也可以不必把這些事物從新再寫一道。此外，我也同樣把這眞理寫給蘭姆❷❻給李卜克內西我只寫的很短。 我不能原諒他， 他關於這整個事件，一直到了已經太晚的時候還連一個字都沒有通知我們。（而蘭姆和其他人都以爲他詳細的報告給我們了）。他向來是這樣的作的——因此，馬克思和我和他曾有過許多不愉快的通訊——不過這一次太惡劣了。我們是堅決不能同行的。

希望你設法夏天到此地來。當然你住在我這裏，並且如果天氣好的話，我們還可以去洗幾天海水浴，這對於過了很久牢獄生活的你的身體確實是有益的。

你的忠友——恩格斯

---

❶倍倍爾（一八四〇年——一九一三年）——十九世紀後半葉和二十世紀初起國際工人運動的最出色的代表，德國社會民主黨和第二國際的創立人和領導人。他的職業是旋盤工。他活動在寧列所謂『由無產者們的階級團結起來產生並加強社會主義大衆政黨的時代』。在馬克思和恩格斯有力影響之下，倍倍爾得了他們兩人很多的幫助和支持，犯了理論上、策略上機會主義的錯誤，得到他們兩人的指摘和批評，這樣才能打下一個工人大衆政黨的基礎。自從一八九五年恩格斯死後，在帝國主義時代的獨立條件之下，倍倍爾已經不站在革命無產階級領袖的地位上了。他雖然嚴厲反對伯恩斯坦的公然的機會主義。這個中間派傾向也自己表現在他和布爾塞維主義的關係裏頭，在他和考茨基以及其他等等人物合起來想溶化布爾塞維主義在孟塞維克主義裏頭的努力之中。

❷哈仁克勒夫（W.Hasenclever）哈塞爾曼(W.Hasselmann）和透爾格（W.Tolcke,）三人是拉薩爾派的三個著名領袖。第一個是從一八七一年到七五年間黨的主

席，和愛森拉赫黨合併之後他兼任了很多重要職務，但表演不出領導的作用來，到一八八九年死了。第二個在俾斯麥社會主義者法令的時代是無政府主義者，後在一八八〇年被逐出黨外。第三個透爾格（一八一七年——一八九三年）到老死爲止繼續留在德國社會民主黨的隊伍裏沒有離開。合併之後在領導上沒有表演出什麼重要的作用來。

❸李卜克內西和倍倍爾所領導的德國社會民主工黨的綱領，是在一八六九年八月愛森拉赫（地名）的成立大會上正式通過的（愛森拉赫黨）。

❹指愛森拉赫黨員。

❺關於拉薩爾的常套語見『「哥達綱領」評註』之附註第十七。

❻關於『人民黨』見『「哥達綱領」評註』之附註第四十一。愛森拉赫黨在一八七一年之後還仍舊和『人民黨』的左派保持着政治接觸（『人民黨』左派領袖是耶考皮（Jacobi）是一個對俾斯麥帝國抱敵意的老民主派和共和主義者），當接觸之際，愛森拉赫派的領袖李卜克內西不懂得劃開一條充分銳利的界線，不懂得揭露一方面小市紳民主主義的反對派的政策和另一方面無產階級社會主義的政黨的革命政策之間的根本區別。馬克思和恩格斯常常責叱李卜克內西的這種右傾機會主義的錯誤是幫助了拉薩爾派。

❼『人民國家』是愛森拉赫黨在一八七〇年到一八

七六年間的中央機關報，在萊伯齊西城每星期發行兩次，這個刊物的編輯人是李卜克內西。

⑧『弗蘭克府』報當時是德國南部的小市紳民主派的機關報，是一個反政府的日報，它在工人問題上代表社會改良主義的立場。

⑨『哥達綱領』的這些政治要求見本卷第十篇第四章。

⑩關於對一八七〇——一八七一年普法戰爭德國社會民主黨所取態度，見第一國際總評議會的由馬克思擬成的兩個呼籲關於普法戰爭。

⑪從略

⑫拉薩爾在弗蘭克府在一八六三年五月十七和十九兩日舉行的兩個演說，由德國工人總會用『工人讀本』的標題來發表了，恩格斯暗指着第一個演說裏的一段。這個演說是由拉薩爾親自給他自己的『公開的書面答覆中央委員會爲召集全德國工人大會於萊伯齊西城事』(秋里希一八六三年版)那個小册子裏抄來的。

⑬威廉白拉克見馬克思給白拉克的信之附註一。

⑭亞曼•葛格(Amand Gogg 一八二〇年到一八九七年)巴登出身的小市紳民主主義者，一八四八和一八四九年革命的參加人，到六十年代開始宣傳和平主義，成爲市紳和平自由會的領袖之一。

⑮蒲魯東(一八〇八——一八六五年)小資產者的理論家，見『共產黨宣言』第三章，又見列寧的『民

族問題的批判筆記』：『不想毀滅資本主義及其基礎的商品生產，反而要純化這個基礎，使它不被亂用而生阻障；不想毀滅交換和交換價值，反而想「制定」交換和交換價值，想把弄成普遍的絕對的「正當的」自由的不受漲落、恐慌、亂用等等拘束的東西——這是蒲魯東的思想。』蒲魯東承認無產階級有組織的必要。但只承認一切合作社的組織形態。這可以說想背着資本主義而偷偷建立社會主義。否認無產階級參加政治鬥爭的必要。蒲魯東變了和平無政府主義的理論家。蒲魯東主義在第一國際時代有巨大影響在拉丁語系的小生產還盛行於國民經濟的一些國度的工人運動上。馬克思和恩格斯的及反蒲魯東的鬥爭在第一國際內部得了勝利。反對蒲魯東的馬克思的著作出版於一八四七年，用法文寫成，它的標題是『哲學的貧困』。

恩格斯所指的那段文字是這樣的：『工人階級將在發展的途程中建立一個新社會，在舊來的資產者社會的地位上這個社會除去着階級和階級對立，並且那兒決計不會再有原來的政治，權力，因爲政治權力正就是資產者社會內部階級對立的公然的表現。』（見本卷第九篇）

❶❻從略

❶❼我們從恩格斯在一八八三年四月十八日寫給美國社會主義者樊伯登（Van Patten）的一封信裏引出一段他關於國家的死滅和無產階級的專政所表白而被遺忘了

的意見：馬克思和我從一八四五年以來有了這樣一個意見：就是將來無產階級革命的最終結果之一，是具有國家這個名稱的政治組織之逐漸解體並結局消滅。這個組織的主要目的一向是由私佔財富的少數用武力來保障在經濟上壓迫大多數。私佔財富的少數一旦消滅，同時武裝的鎮壓力量，即國家武力也就跟着消滅。然而，下述一個見解同時也始終是我們的見解：爲欲達到將來社會革命的這個以及其他更重要的目的目標起見，工人階級首先必須把國家的組織了的政治武力拿在手裏，並用國家的政治武力去粉 碎資本家 階級的反抗並重新組織社會，這點，在一八四七年的『共產黨宣言』第二章的結語裏可以看到。無政府主義者們把事物顚倒了，他們聲明：無產階級革命必須從國家的政治組織的廢止來着手開始。然而，無產階級在它的勝利之後現在拿到的唯一的組織，恰恰就是國家。這國家當然必須經過一番重大的改變然後它才能盡它的職務。但倘在這樣重要的瞬間把國家破壞，這就算是破壞了唯一的機構，利用這個機構，勝利的無產階級可以發揮它剛才到手的權力，可以壓倒它的資產階級敵人，可以貫徹社會的經濟革命，沒有這個革命，整個勝利必定會終於新的失敗，工人們要被大量的屠殺，好似巴黎公社失敗之後那種屠殺一樣。

❶❽列寧特別標明恩格斯的這封信的這一段當作馬克思和恩格斯的思想裏面確實最值得注意而且大致最銳利的部份對向着國家。再往前去列寧又簡單明瞭的札出

了馬克思恩格斯關於國家的根本思想的八點。

❶❾為甚麼這個『綱領』被採用之後馬克思和恩格斯沒有進一步公然反對這個機會主義的綱領呢？這一點在恩格斯給白拉克的信（一八七五年十月十一日）裏可以找到說明。（見本卷第六篇）

❷⓿見本卷第三篇附註

❷❶李卜克內西和倍倍爾是愛森拉赫黨即德國社會民主工黨（因該黨在一八六九年八月在愛森拉赫地方舉行了成立大會，通過了所謂『愛森拉赫綱領』，因此就有愛森拉赫黨的名稱）的領袖，今將李卜克內西身世敍述如下（倍倍爾身世見前）：——

李卜克內西（一八二六——一九〇〇年）——十九世紀後半葉德國以至國際工人運動的著名人物。他當作南部德意志民主黨的一員參加了一八四八——一八四九年的革命。在五十年代亡命於倫敦，遂在馬克思的影響之下變成社會主義者了。在一八六八到六九年他和倍倍爾一起創立了德國社會民主工黨（即愛森拉赫黨）並進行了有勁的鼓動，期望用革命的方法來造成德國的統一，但往往自陷於『親奧傾向』，並且擁護『分離主義』。他推行了一個鬥爭去反對了拉薩爾派。在普法戰爭期間他表明了革命的國際主義的立場。在幾十年之中，他曾做過黨機關報的總編輯，做過黨的執行委員，做過國會代表等等。李卜克內西的鼓動用他的階級鬥爭的宣傳來影響了無產階級的大衆，並灌輸了對資本主義

體制的讎恨到無產階級中去。在『什麽東西應該幹？』（一九〇二年）這本書裏列寧說他是『民衆論壇』的一個典型。當作一個政黨的領袖他犯了一些嚴重的機會主義的錯誤，這些錯誤的根源埋伏在他的非辯證法的思惟方式和重視庸俗民主主義的他的傾向裏頭。李卜克內西首先要負責任對那一八七五年即哥達合併當時愛森拉赫黨的嚴重的理論上和策略上的錯誤，也要負責對那俾斯麥的社會主義者法令實施以後直接發生的糊塗。在一八八五年關於輪船公司的補助金應否投票贊成的問題黨內發生論爭的時候，他採取了妥協調和的態度。他往往和倍倍爾背道而馳，然而，倍倍爾的態度——在恩格斯的領導之下——在某些問題上要更正確些。推行了反統治階級鬥爭和反政府鬥爭的李卜克內西在一八七二年曾親自說過他是『革命的一個士兵』，但同時他往往宣傳拉薩爾的和平的『文化』革命的思想，否定暴力在社會主義革命中的演役。雖然如此，他的革命熱情流露在他的鼓動活動中，緊緊地把他聯繫在工人階級的運動的革命方面，直到臨終他仍舊是米勒蘭（Millerand）伯因斯坦一類的機會主義者的反對派。在李卜克內西的小册子『沒有妥協餘地』（一八八九年）的俄文譯本的序文中，列寧特別標明李卜克內西在和反政府的資產階級各政黨訂立協定的問題上所用策略是革命策略的模範，和孟塞維克的策略恰恰相反。

㉒『民主週刊』——愛森拉赫黨在它和小市紳

急進薩克森人民黨分裂之前的機關報。在李卜克內西的編輯之下，在一八六三至一八六九年之間發行於萊伯齊西城。

❷❸沙士比亞的 威尼斯商人裏 兇頑的高利貸的典型。

❷❹李卜克內西和倍倍爾二人因在一八七〇至一八七一年的普法戰爭期間表示了他們的革命的國際主義的態度，所以在那有名的一八七二年三月萊伯齊西最高法庭上被判罪兩年的監禁。倍倍爾方面的刑期是在一八七四年五月十四日滿期的，但六個星期之後他又因觸犯皇帝的罪名被判罪九個月的監禁送到（薩克森）茨維考的監獄裏去服罪。 他被釋放的一天 是一八七五年四月一日，偶然和俾斯麥的生日同在一天。

❷❺白拉克曾在他給恩格斯的信（一八七五年三月二十五日）裏銳利的批判了『哥達綱領草案』。他寫道：『在我接受這個綱領草案是不可能的，並且倍倍爾也一定同我同一意見，照他的見識和品格而論。白拉克把他的主要目標集中在『綱領的這一點』，卽該『綱領』要拿『 國家輔助 』來設立生產合作社的這一點的批判上。據白拉克的意見，該黨一採用這一點，該黨就會變成宗派。『因倍倍爾似乎決心進行鬥爭，所以我也痛切感覺到要用全力去支持他。不過預先我很願意知道你和馬克思對於這個問題究竟怎樣考慮着。你們的經驗比我的更成熟，你們的觀察比我的更正確。倘你們贊成我這

樣幹，那末，我就向倍倍爾建議這樣幹，以便拿一個共同的綱領草案去出席大會』。倍倍爾沒有確實知道白拉克的希望，因之他沒有出面反對那個『綱領』。

❷❻蘭姆（Ramm）——德國的社會民主黨員，愛森拉赫黨的中央機關報萊伯齊西『人民國家』的編輯人之一。在黨內沒有表現出領導的作用。

馬克思給白拉克的信①

親愛的白拉克！

下面的對於合併『綱領』之批判的附記，請你讀過之後，費神交給蓋勃和奧葉爾，倍倍爾和李卜克內西等人。我現在工作太忙，已經不得不遠遠超過醫生所規定的工作分量，所以寫這樣長的無聊東西，在我決不是一種『享樂』。不過這是很必要的，這樣才好使黨友們——我這封信是爲他們而寫的——不至誤會我今後所取的步驟。

合併大會開了之後，恩格斯和我將要發表一個簡短聲明，內容是表明我們和那原則綱領距離太遠而且沒有絲毫關係。

這是不可沒有的，因爲有人在外國支持着我們黨底敵人竭力培植的見解——完全錯誤的見解——說我們暗中從這兒操縱着所謂愛森拉赫黨的運動。例如巴枯寧②還在最近發表的俄文著作裏，不但把該黨一切綱領等等的責任推在我身上，甚而把李卜克內西和人民黨合作以後每一步驟的責任也推在我身上。

除此以外，我的義務是，也不能用外交式的緘默來承認這個我確信完全要不得的並且要使黨墮落的『綱領』。

眞正的運動底每個步驟是比一打綱領更重要③的。如果

不能超過『愛森拉赫綱領』的界限——時勢也不容許這樣——那末就應該簡單地締結一個行動協定去對付共同敵人。但是如果要制定原則綱領(而不是推延到經過較久的共同行動以準備這個原則綱領的時期),這樣就是在一切世人面前樹立一個路程標用以來計量我們黨之運動底高低。拉薩爾派的首腦們之所以來,是各種情況逼迫他們的。如果預先聲明給他們說,不允許做原則生意,那末他們就應該以共同行動的行動綱領或組織計劃爲滿足了。不這樣做,反而允許他們派代表以全權來參加,承認他們的全權有效,那就是無條件的投降了乞援者。拉薩爾派爲了粧飾他們的門面,在妥協大會之前又召集了一次大會,然而我們的黨倒在事後才舉行大會❹,他們公然地想消滅一切批判,並且不讓我們的黨愼重考慮。人們知道,聯合底單純事實是怎樣使工人們滿意了,但如果以爲這暫時的效果是沒有費很高的代價買來的,那就錯了。

此外,除了頌揚拉薩爾底信條之外,這個『綱領』一點也沒有用處。

我下次將把『資本論』法文版❺的最後一次稿件寄給你。因爲法國政府的禁止,刊印底進行是長期地被阻礙着。本星期或下星期初,這項工作就要完結。前六次的稿件收到沒有?請你最好也把倍命哈德·倍格爾❻的地址通知我,我也要把這最後一次稿件寄給他。

那『人民國家』書店眞有特別脾氣。例如直到此刻爲止這書店還沒有寄過一份『科侖共產黨審判』❼的印刷品給

我。

最敬禮！

你的馬克思

---

❶和這封信一起，馬克思寄了他的『哥達綱領批判』給白拉克；一八九一年恩格斯連這封信一起發表了馬克思的這個『批判』。

❷指巴枯寧的『國家主義與無政府在國際工人聯合會內部的兩黨鬥爭』（一八七三年），在這本書裏，巴枯寧稱李卜克內西是馬克思的工具，又說『馬克思的直接領導之下』李卜克內西的一切理論上策略上的錯誤，馬克思要負責任。

❸當一九〇二年俄國的『經濟主義者們想假借馬克思這個思想來辯護自己』的時候，列寧對這個企圖給了決定的打擊。當時，列寧把馬克思的這些說話的實際內容和馬克思寫下這些說話當時的具體情形配合起來說明了馬克思的意見：『如果願意合併——馬克思寫給愛森拉赫黨的領袖們說——那末，你們應該以實現運動之實踐目的的名義商訂一個協定，但不要容許原則底買賣，不要在理論上讓步！這就是馬克思的意見……』（列寧全集第四卷第二册一五二頁）

❹兩黨合併的哥達大會，舉行於一八七五年五月二十二日到二十七日止。拉薩爾派的大會，在五月初已經舉行了，但愛森拉赫黨的大會到後來六月八日才舉行於

漢堡。

❺『資本論』第一卷的第一次法文翻譯由馬克思親自校正後，在一八七二到一八七五年之間在巴黎分成單行本出版。

❻倍格爾（一八二六——八二年），德國歷史家兼政論家，拉薩爾的『德國工人總會』的創始人之一。拉薩爾死後基於拉薩爾的遺囑他被選爲拉薩爾派的主席。後來，在一八六六年初，他和拉薩爾派分裂了，就加入愛森拉赫黨。

❼馬克思的小册子『科侖共產黨審判之眞相』，在一八五六年寫成，由『人民國家』書店出版，附有馬克思一八七五年一月八日的跋文。

恩格斯給白拉克的信

——倫敦一八七五年十月十一日——

敬愛的白拉克！

我躭擱了對你的幾封最近的來信（最後一封是六月二十八日）的答覆，一則因爲馬克思和我有六星期之久沒有會過面——他在卡爾斯巴特（溫泉），而我在海邊上，那兒我看不到『人民國家』報——二則因爲我想等候一個時期看看這新合併和聯合委員會⑲在實行上是怎樣的態度。

我們完全同意你的意見，的確李卜克內西因爲急於達到合併，爲了合併竟不惜任何代價，於是就把整個事情弄糟了。可以認爲合併是必要的，但是對於締約者可不必說出來或表示出來。以後那就只好拿一個錯誤來辯護另一個錯誤了。一旦合併大會在腐朽的基礎上實行起來並且誇讚出來之後，如果無論如何不願失敗，那就只好在基本點上讓步。

你說的完全對：這個合併已經懷着分裂底萌芽，如果以後只有一些不可救藥的熱狂者沒落下去，而不是那整批追隨者們（如果不受熱狂者底影響那本來是壯健的，並且在良好教育之下可以用的那批追隨者們）我是高興的。這系於這件不可避免的事情在什麼時候以及在怎樣的情形下發生。

這個『綱領』在它的最後的修正中是下列三個構成部份：

一，拉薩爾底語句和術語，這些無論在什麼條件之下都不該接受的。如果兩個派別互相合併，那末就把互相一致的而不是把互相爭執的東西寫在綱領裏。然而我們的人們竟容許了這個，竟自願地接受了屈辱。❷

二，一連串的庸俗民主主義的要求，用人民黨❸底精神和體裁來表達的。

三，一些應該是共產主義的命題，大部份從『宣言』裏抄來，但是這樣修改了的，在陽光下一看，全部都包含着寒毛凜凜的荒唐語。如果不懂得這些事物，那就不要拿手指去動，或者把它原原本本從那些了解事物的著作裏頭抄下來。

幸而這個『綱領』所經過的較好於他所貢獻的。工人、資產階級以及小資產階級看到這『綱領』裏本來應該有但實在沒有的東西，沒有一方面有人按照它的眞實內容來公開檢驗這些古怪條文的一條。

這使我們可能對這『綱領』沉默下去。這些條文不能翻譯爲任何外國文字，如果不強迫地或者明顯寫成瘋狂的東西或者給它以共產主義內容，關於後者是我們的朋友以及敵人要做的。我自己在替西班牙朋友們做翻譯的時候就應該這樣做。

關於委員會的活動我所看到的，不是可喜的。第一，攻擊你的和倍格爾的著作❹的事件；如果它沒有實現，那不是委員會底罪過。第二，宋納曼❺當馬克思在旅途上遇到他的

時候說，他曾要求法爾泰西⑥向『弗蘭克府』報寄稿，但委員會禁止法爾泰西接受這個要求！這實在是超過了檢查，我不知道法爾泰西怎樣忍受下去。這是何等蠻笨！

他們正應該預先努力使『弗蘭克府』報在德國到處有我們的人來服務！最後，我以爲拉薩爾派在創立柏林聯合印刷所之際也不很誠懇；自從我們的人，在萊伯齊西印刷所拿全副的信心來委任該委員會爲監察機關之後，竟還要強迫我們的人在柏林也照樣委任他們。不過我在這裏不十分知道個中底細而已。

擴展的活動很少，這是好的，並且像最近幾天在這裏的喜爾士⑦所說的，最好這委員會能夠限制自己爲通訊機關和收發機關。委員會底任何活躍的干涉祇有促進危機，並且人們都似乎感覺到這一點。

在委員會裏⑧接納了三個之多的拉薩爾派份子，而我們只有兩個進去，這是何等軟弱！

總而言之，我們好似吃了一點虧。希望這件事體再不發展下去並且在這期間那些宣傳在拉薩爾派裏發生效果。如果這件事情延耽到下屆議會選舉的時候，那就好了。不過，（那政治警察）史蒂培爾⑨和（那檢察官）託森道夫⑩⑪一定會大大賣力，到那時候一定會有機會看見哈塞爾曼和哈仁克勒夫究竟担任些什麼工作。

馬克思從卡爾斯巴特回來了，完全換了一個人的樣子，強壯、新鮮、快樂、康健，又可以着手切實做工作了。他和我熱忱向你致敬。如有機會，請你再告訴我們那件事體的

發展情形。萊伯齊西的那些人們⑱⑲對那件事體關心的太深切，實在他們正應該告訴我們眞相，尤其現在黨內事件恰好尙未公佈出來。

你的最忠實的恩格斯

---

⑲根據新規約，三個領導組織體由哥達大會選舉出來了：常務局、監察委員會和聯合委員會。後者的職務是隨前者之間發生意見紛歧之際參與意見。

②這是說他們接受了屈辱的條件。

③從略

④這個引用是聯合委員會的提案要求從黨文件的目錄中除去倍格爾的幾本及拉薩爾的著作（『拉薩爾慘死眞相』，一八六八年；『拉薩爾的工人煽動史』，一八七四年）。倍格爾見馬克思給白拉克的信附註

⑤宋納曼（Leopold Sonnemann—一八三一——一九〇九年）德國政治家兼著作家，人民黨的領袖之一，『弗蘭克府』報編輯。在六七十年間他反對俾斯麥的政策，因此在某些問題上他接近愛森拉赫黨員。

⑥法爾泰西（Julius Vahlteich 一八三九——一九一五年）——鞋匠，愛森拉赫黨的最出色的領袖之一。以前是拉薩爾派，但在拉薩爾生存期間出頭反對過拉薩爾的獨裁，因此，給拉薩爾領導的德國工人總會開除了。

⑦喜爾士（Karl Hirsch 一八四一——一九〇〇）有

名的德國的社會主義新聞評論家，當時他很接近馬克思和恩格斯。

⑧黨主席團內，拉薩爾派的有哈仁克勒夫，哈塞爾曼，德洛西；愛森拉赫派的有蓋勃及奧葉爾

⑨史蒂培爾（Wilhelm Stieber）——普魯士政治警察局的高級官吏，迫害革命無產階級的組織最兇，運用最卑汚的手段，假造文件和證據來脅迫被告人。他是一八五二年科侖共產黨審判的檢察官，他當時的詭計在馬克思的小册子『科侖共產黨審判的眞相』裏揭露着。

⑩託森道夫（Tessendorf）——普魯士的國家檢察官，在七八十年代當作『審判社會主義者的專門家』成了名。

⑪萊伯齊西的那幫人們卽指中央機關報『人民國家』編輯部的李卜克內西和其他份子。

恩格斯給倍倍爾的信

——倫敦一八七五年十月十二日——

敬愛的倍倍爾！

你的來信完全證實了我們的意見，這個合併在我們方面太早了一點，並含着將來糾紛底種子。如果能夠延躭這個糾紛到下屆議會選舉以後❶這已經算好了。

這個『綱領』現在包含三個　份：

一，是拉薩爾底命題和警句，接受這種東西是我們黨底一個污點。如果兩個黨派同意一個綱領，那末他們應把互相同意的事項放進去，不要涉及不同意的事項。❷固然，拉薩爾底國家輔助在『愛森拉赫綱領』裏也有，但不過當作許多過渡辦法之一，並且據我所聽到的，這國家輔助在本年度大會上沒有一致根據白拉克底提議，❸幾幾乎被推翻了。現在這國家輔助，形成爲對於一切社會缺陷之不可缺少的專門良方了。容許『工錢鐵則』和拉薩爾派底詞語生效，這對於我們黨是莫大的道德上的失敗。我們黨改宗到拉薩爾派底信條了。這不是輕輕否認掉的。『綱領』的這一部份是一個屈辱，在這個屈辱下我們黨匐匍到神聖的拉薩爾之偉大的榮光之下去了。

二，是民主主義的要求，完全是用人民黨底意義和體裁來表現出來的。

三，是一些『今天的國家』底要求（不知道這餘下的要求是究竟向誰提的），這些要求是很混亂而不合邏輯的。

四，是一些一般的命題，大部份是從『共產黨宣言』和『國際規約』那兒抄借來的，但是這些命題是這樣修改的，正如馬克思在你知道❹的他的那篇論文裏指摘的一樣，或者是全部錯誤，或者是純粹的愚蠢。

整個『綱領』非常沒有秩序，非常混亂，沒有聯繫，不合邏輯，並且可笑的，如果資產階級報紙裏只要有一個有批評頭腦的人，他就會把這個『綱領』逐條通讀一遍，按照它的眞實內容逐條檢討下去，把那些無聊話顯明地分解出來，把那些前後矛盾和經濟學上的錯誤（例如說勞動手段在今天是資本家階級底獨佔，好似就沒有地主一樣；不講工人階級底解放而講「勞動底解放」等空話——老實講勞動本身在今天實在太過分自由的）發展出來，就可以把我們的整個黨弄成醜惡的可笑的。那些資產階級報館底蠢貨們不這樣幹，反而把這個『綱領』看得頗爲嚴肅，到『綱領』裏去探找些裏面沒有的東西；而指爲共產主義的工人們似乎也這樣做。只有這樣一個情形才可能使馬克思和我不致於公然棄絕這種『綱領』。只要我們的反對者和工人們都同樣把我們的見解灌輸到這個『綱領』裏去的時候，我們還可以對這個『綱領』保持沉默。

如果你對人選問題的結果是滿足的，那末，我們方面的

要求是降低了。我們的人只有兩個，拉薩爾派的倒有三個之多！那末，就是在這兒我們的人已經不是同等權利的聯合者，而是被戰勝者，並且是預先就決定了的。委員會底活動，據我們所知，也不是可馨祝的：（一）不把白拉克和倍倍爾的論拉薩爾主義底兩本著作列在黨出版物底目錄裏去的決議；雖然這個議決結局被撤回了，但這不是委員會底也不是李卜克內西底過失；（二），禁止法爾泰西給『弗蘭克府』報——所介紹的——宋納曼作通訊工作。這是宋納曼親自對在旅途中的馬克思說的。尤其使我警訝的，倒還不是委員會底高慢，也不是法爾泰西看不起委員會，而是那個決議底驚人的愚蠢。委員會寧肯想辦法，使得像『弗蘭克府』報這樣一張報紙無論在什麼地方專給我們的人⑤來利用才好。

說整個事件是一件教育底實驗，這種實驗在這些情形下將會有非常有利的效果，這兒你是完全正確的。這樣的一種合併如果能保持兩年之久，那就是一個大的成績了。不過這個合併無疑地會更加低廉的。

---

⑪下屆議會選舉，在一八七七年初舉行了。

②德國社會民主工黨在一八六九年八月在愛森拉赫大會上採用的綱領裏有許多『直接要求』，其最後（第十）一個要求，這樣說：在民主保障之下，國家獎勵合作社以及國家信用放款給生產合作社』這裏，『國家獎勵』的原文和拉薩爾的『國家補助』的原文完全不同（中文譯者）

❸從略

❹恩格斯指的馬克思的『哥達綱領批判』。不過恩格斯以爲倍倍爾已經知道了這個『批判』，這是恩格斯弄錯了，當『批判』由恩格斯在一八九一年公表之際，才發覺李卜克內西不尊重馬克思的明顯要求（見馬克思給白拉克的信，六八頁），沒有把這個文件拿給倍倍爾看，直到後來，恩格斯才知道（見一八九一年二月十一日他給考茨基的信），所以他說：『這個文件在一八七五年五六月之間，被人計劃周密地瞞住了倍倍爾並且坑掉了，這件事體我就說明了。』（同上）至於倍倍爾要到這個『批判』已經在『新時代』上發表出來（一八九一年）的時候，才看到這個『批判』。不過必須附帶聲明一句，倍倍爾在出版之前讀到了這個『批判』的底稿，他想阻止它的公佈，並且打了一個電報要求停止公佈，但已經來不及了。（見『前進』報，一八九一年二月二十六日，柏林）

❺見上列恩格斯給白拉克的信（一八七五年三月十一日）。

『「哥達綱領」批判』序言

——恩格斯——❶

這兒刊印的原稿——給白拉克❷ 的附信 以及綱領草案底批判——是在一八七五年哥達合併大會不久以前寄給白拉克，由他轉給蓋勃❸、奧葉爾❹、倍倍爾和李卜克內西傳看，最後送還給馬克思的。

因爲哈勒的黨大會❺把『哥達綱領』底討論已提到它的議事日程上來，我想，如果我再把這有關這次討論的一個重要文件——或者是最重要的文件吧——還長久保留着而不發表，那末，恐怕我就要負隱匿的罪名了。

並且這個原稿還有其他更廣大的意義。在這個文件裏第一次聲明顯而堅定地闡明了馬克思對於拉薩爾參加運動以後所採取之方向——關於拉薩爾底經濟原理以及策略——的態度。

在這兒所用以解剖綱領草案的毫無顧忌的銳利性，說破其所得結果與暴露其破綻之嚴厲性，到十五年後的今天，已經不會有所損害了。固有的拉薩爾派份子僅是個別的殘餘在國外存留着，並且，在哈勒大會中，『哥達綱領』甚而也被它的起草者們認爲完全不妥而拋棄了。❻

雖然如此，我還勾消了幾處牽涉個人的銳利辭句和斷語，不過這對於文意是無關係的，用點線來代替它。如果馬克思今天來發表這個原稿，他自己也會這樣作的。『綱領』底一切地方的嚴厲辭句，是由於兩種情況挑起來的：第一，馬克思和我，對於德國的運動比對任何其他各處的更有深切關係，因此，綱領草案中所表現的斷然的退步就特別強烈地激動了我們。第二，那時，在國際❼，海牙大會（一八七三年）之後還不到兩年，我們正在與巴枯寧和他的一派無政府主義者作最激烈的鬥爭，❽他們把德國工人運動裏發生的一切，都要我們負責；因此，我們也預期到人們誣指我們是這個草案的隱秘的父親。這些顧慮現在已經沒有了，因此，一切有問題的地方底必要性也沒有了。

因出版法上的一些理由，有些文句也僅僅用點線暗示出來。凡不得不選取更溫和的詞句之處，都加上了方括弧❾其他統統照原文付印。

倫敦　一八九一年一月六日

---

❶恩格斯在一八九一年發表這個批判的時候，就拿這個序文附加在這個批判上。

❷白拉克（一八四三年——一八八〇年）——愛森拉赫黨的領袖之一，接近馬克思和恩格斯並擁護他們兩個，但在他們兩個反對『哥達綱領』的機會主義的那個鬥爭裏不很堅強。在一八七三年他做了一本小册子叫做

『拉薩爾的提案』，批判了拉薩爾要拿『國家輔助』來設立工人生產合作社的要求。在這個小册子的序文裏，他寫道：『自從我懂得馬克思的著作並加入愛森拉赫黨以後，我就越加確信凡欲實現拉薩爾的那個提案的一個企圖不但對於工人運動沒有好處並且還有害處。』

❸蓋勃（ Angust Geib 一八四二年到一八七九年）——愛森拉赫黨的會計長，從一八七四年起當選爲國會議員。

❹奧葉爾（Ignaz Auer 一八四六到一九〇七年）——愛森拉赫黨的書記，後成爲德國社會民主黨的改良派領袖之一。

❺哈勒（ Halle ）黨大會，卽德國社會民主黨自從『社會主義者法令』撤廢以後第一次的大會，舉行於哈勒，在一八九〇年十月十六日根據『哥達綱領』的主要起草人李卜克內西的動議決定準備一個新綱領草案給下屆大會。由李卜克內西起草由大會通過的決議案對這個決定附加了這樣一個理由，說『哥達綱領』『無論如何在過去十五年間尤其在「 社會主義者法令 」的實施期間正當地辯護了自己，不過現在所有據點已經不合時宜了』。德國社會民主黨的新綱領是在愛爾富爾脫(Erfurt)大會上被採用的，叫做『愛爾富爾脫綱領』。新綱領和『哥達綱領』比較起來，確是一個巨大的前進，但不管恩格斯堅決的要求，這個新綱領沒有提到無產階級專政的問題，並且在許多過渡的要求裏頭，新綱領甚而沒有

提出民主共和國的要求。新綱領的批判由列寧作了在他的『國家與革論』裏頭。

❼第一國際的第五次大會（卽海牙大會），舉行於一八七二年九月，這次大會主要事件是無政府主義者巴枯寧——一派站在一方面和馬克思與恩格斯所領導的總評議會站在另一方面的鬥爭。大會的多數支持了總評議會。巴枯寧被驅逐了。但巴枯寧派甚而在海牙大會以後仍繼續其反總評議會的鬥爭。數年後，第一國際，卽『國際工人聯合會』『在一個方向上在向着將來前進的方向上支配了十年之後』，（見恩格斯給朔爾格(Sorge)的信，一八七四年九月十二日到十七日），在形式上停頓了。

❽論到馬克思主義和巴枯寧的無政府主義之間在原則上在實踐上最重要的差別，列寧曾寫道：『馬克思主義和無政府主義之間的差別是這樣：馬克思主義承認國家的必要性過渡到社會主義時；不過（這兒是他和考茨基一幫傢伙不同），不是一種通常的、議會制度的、資產階級的民主共和國那種形式的國家，而是像一八七一年巴黎公社和一九〇五年以及一九一七年工人代表蘇維埃那樣的國家』……巴黎公社失敗之後，歷史把遲緩的組織工作和教育工作提到日程上來。另外一種工作是無有的……無政府主義者們當時（現在也還如此）不單在理論上並且也在經濟上政治上是根本錯誤的。無政府主義者們把情況估計錯了，他們不了解那時的世界形勢：

英國的工人被帝國主義的利潤收買了 ； 巴黎公社失敗了，德國資產階級民族運動新近的勝利；半農奴制度之數百年昏睡着的俄國。馬克思和恩格斯正確判斷了情況；他們了解國際情況；他們看到了社會革命遲緩發展的任務。（『列寧全集』第二十卷，第一册一七九——一八〇頁）

❾在此地印出的『批判』本文裏面所有被勾消的字行都給復原了。

恩格斯給考茨基的信❶

我前天的慶祝快信想已收到了吧。現在再談到那件事情：談到馬克思的信吧！

說他的信會送給敵人手裏一個武器，這個恐懼，是沒有根據的。惡意的附會到處都是有的，但是大體講來，敵人方面的印象一定是對於這種毫不姑息的自我批判全然的驚駭！同時感覺到一個能夠提供出這種事物的政黨是具有怎樣的內在力量呵。這已經顯露在你寄給我的（多謝！）以及我從別處得到的反對報紙上。老實講，我之所以發表這個文件也就是這個意思。我也知道，這在最初一定會引起這兒或那兒不愉快的觀感，這是避免不了的，並且它的實際的內容在我的眼中是重要的多的。並且我知道，黨已是足夠的強大，經受得起這些，我並且計算到黨在今天也能夠担當這十五年前公然用過的言語；以正當的自負指出這種力量底測驗，並且說：那兒還有另外一個政黨敢做這同樣的事呢？所以這文件也交給『薩克遜工人報』，『維也納工人報』以及『秋里希郵報』❷了。

如果你在『新時代』二十一期上負起發表底責任來，那你是很好的，但是不要忘記，我給了首先的鼓勵並且我還把你多少弄到被迫的地位上去❸。所以，我自己負担主要的責

任。至於個別事項，那各人儘管可以對之有不同意見。凡你和蒂狄❹所憂慮的地方，我都已經勾消了和修改了。如果蒂狄還要更多的勾消，那我也儘可能地溫和些，這我已常常向你們證明過了。但是主要的問題是，一旦這個『綱領』提出討論時，那末，我的責任是要公佈這個物事。特別自從李卜克內西在哈勒大會的報告裏面把這個『綱領』底摘錄一部份無思慮地當作他自己的財產，一部份被攻擊而不說出名字來以後，馬克思一定會把原稿與這種攻作對照起來，那末，我在他那個地位也負有同樣如是作的責任。可惜那時我沒有這個文件，後來費了很久的搜尋才找到了。

你說，倍倍爾寫信給你說，馬克思那樣對付拉薩爾，引起了老拉薩爾派底忌恨。就是這樣吧。實在他們不知道實在的經過，似乎也沒有進行解釋它❺。如果那些人們不知道拉薩爾底偉大是由於馬克思不計較他多年來利用馬克思底研究結果當作他自己的東西來粧飾而且因為缺乏的經濟學的教養還顛倒了馬克思底研究結果，那不是我的過失。但是我是馬克思底著作上的遺囑執行者，我負着我的責任。

拉薩爾有二十六年的歷史。如果在『例外法令』之下中止了對於他的歷史批判，但歷史的批判是應發生效力的時候了，關於拉薩爾對馬克思的態度應該弄一個明白。掩蔽與頌揚拉薩爾之眞面目的傳說，畢竟不能變成黨底信條呵。儘管有人這樣頌揚拉薩爾對於運動的功績，他的歷史作用是曖昧的。武斷宣傳者的拉薩爾到處伴隨着社會主義者的拉薩爾。經過煽動者和組織者的拉薩爾，這哈茨費爾德伯爵夫人離婚

案❻底指導者到處是無所不用其極的：在選擇手段中的無恥與不安份的無賴之徒來往——把他們當作單純工具來使用，而又拋棄——的偏好。到一八二六年在實踐上是一個特別普魯士式的庸俗民主主義者，有着強烈的拿破崙的傾向（我剛剛讀過他寫給馬克思的信），他忽然間由於個人的原因而改變了，開始了他的煽動工作；剛剛過了兩年，他就要求工人們利用皇黨以反對資產階級，在一種實際上必然出賣運動的方式內與他的臭味相投者俾斯麥相勾結，如果他不是屆時地僥倖被打死的話。在他的鼓動著作裏，把從馬克思那兒剽竊來的正確議論和拉薩爾自己的經常錯誤的敍述混攪在一起，二者幾乎分不開來。感到被馬克思底批判傷觸了的一部份工人只是知道他的兩年的鼓動，而且這還只是帶了有色眼鏡來看的。不過在這種偏見面前，歷史的批判不能夠恭謹地永遠站着不動。我的責任就是要在馬克思和拉薩爾之間作一清算。這已經是做了。我暫時是可以滿足了。我個人現在還有別的事做。已經公佈了的馬克思關於拉薩爾的批判將會自己發生它的效果和鼓勵他人。但是我之所以被迫着如是做，是因為此外沒有其他的選擇：我應該把拉薩爾的傳統肅清。

據說在黨團裏有人竭力主張把『新時代』置在審查之下，這確是很妙的。是不是『社會主義者法令』的黨團獨裁者（這自然是必要的而且執行得很好）❾（所見到的呢？或者還是對於舒維澤⓲❶之過去的嚴格組織的回憶呢？這實在是一個了不得的思想，把德國社會主義的科學在已經從俾斯麥底『社會主義者法令』解放出以後，放在一個新的、由社

會民主黨官僚們所手創與執行的『社會主義者法令』之下。此外，已經盡了力量，樹木是不能長上天的。

『前進報』上的文章很少感動我❶❶。我將期待着李卜克內西之經過底敍述，❶❷然後儘可能用友誼的語氣來答覆這二者。『前進報』的文章只有幾點不正確的地方需要糾正（例如說我們不願意合併，說事實證明馬克思錯誤等等），還有一些自明之理要證實。我想以這個答覆來結束我這方面的爭論，如果沒有新的攻擊或不正確主張來使我繼續爭論下去的話。

請你對蒂茨說，我正在校對『家族私有財產與國家之起源』，❶❸不過今天費旭❶❹寫信來要我寫三篇新的序文。❶❺

你的恩格斯

---

❶考茨基當時是德國社會民主黨的理論機關報『新時代』週刊的編輯，在這個機關雜誌上恩格斯發表了馬克思的批判。

❷在這些報紙之中最初的兩個是社會民主黨的，最後一個是資產階級的。

❸當恩格斯把馬克思的『「哥達綱領」批判』原文寄給考茨基去發表的時候，恩格斯曾促使考茨基留意下述一點，即萬一這個文件不至於在『新時代』上發表出來，那末恩格斯可以在『維也納工人報』上發表這個文

件，總之，無論如何馬克思的這個批判總有辦法見天日。

❹蒂茨（w•Dietz）——（一八四三年——一九二二年），德國社會民主黨員，國會議員，斯都得伽特的黨出版部的主任，『新時代』就在這個出版部裏發行。他始終屬於德國社會民主黨的右傾機會主義的方面，在世界大戰中，他是社會學獎主義者（學獎 Chauvin 是法國的一個青年軍官，誇大狂，毫無理性，一味主張殺人的愛國主義者）。

❺雖在一八九〇年哈勒的黨大會上做報告的時候，李卜克內西承認了那『綱領『（『哥達』）需要修改，但他還用盡一切方法來稱讚舊『綱領』是戰鬥的標準，領路的明星等等。至於各別分析了『哥達綱領』的每一點，以及有些地方借用了馬克思和恩格斯所提出的反對——但沒有指出他們兩人的名字——之後，李卜克內西就拿下述這樣一個結論來結束每一論點的檢討，說這種論點儘管有訂正的必要，但在原則上在主要成份上有不可爭辯的重要性。

❻從略

❼這個責難主要的準對着考茨基。考茨基竭力想削弱批評拉薩爾主義的馬克思的影響，他在『新時代』二十一號上發表了一篇論文叫做『我們的綱領』，在這篇文章裏他投機取巧的縮小了馬克思的這個批判的實踐的意義，撇開馬克思於綱領之外反而強調拉薩爾的偉大的

貢獻。別的不談，單看考茨基寫道：馬克思對於拉薩爾所取態度不是德國社會民主黨的態度……社會民主黨另外有一個態度對於拉薩爾和馬克思的態度不同……我們那能忘記這個人(拉薩爾)？所有我們黨內的老同志甚而大多數年青的朋友們的最初的社會主義的知識和對社會主義的熱情都是從他（拉薩爾）的著作裏得來的。我們謹慎的研究並檢討馬克思說些什麼關於他學生拉薩爾，但我們決不忘記拉薩爾也是我們的最初的許多導師和戰士之一。（『新時代』，一八九一年，第一卷六八〇頁）

❽拉薩爾在一八四五到一八五四年的差不多十年之間以律師的地位犯了一件非常曲折錯綜並且當時非常令人注目和蘇斐哈茨費爾特（Sophie Hatzfeld）伯爵夫人的離婚案子，在訴訟經過中，他利用了各種律師的惡計爲了勝訴起見。

❾在『社會主義者法令』的實施期間（一八七八——九〇年），一切工人階級的合法組織統統被禁止了，只有國會裏的社會民主黨團是黨的最高機關。儘管這個黨團大部份是由機會主義者們形成的，不過黨的領導權還在倍倍爾的雙手之中。倍倍爾所依靠的就是黨員大衆的支持和起初在秋里希後來在倫敦發行的非合法的機關報『社會民主黨』的支持。這張報紙在大體上是依照恩格斯的指示而編輯的。

❶⓪這就是指拉薩爾派的組織『德國工人總會』，從

一八六四年到一八七一年該會領袖是約翰史懷周（Schweitzer：一八三二年——七五年），史懷周是中央機關報的主筆，黨的主席兼國會議員，他繼續拉薩爾的勾結俾斯麥的策略，俾斯麥資助了這個報紙，此事在數年前才被發覺。他依照拉薩爾的傳統用獨裁的方式來領導工人總會。就在強大的反對派已經發展起來反對他的時候，他還企圖維持他的獨裁勢力甚而還竭力擴張他的勢力到職工組織方面去，所以他在一八六八年他竟弄到創立職工會——但無論如何只在羣衆的迫切要求之下才創立的。

⓫⓫在德國社會民主黨的中央機關報『前進』上的社論表明了黨的領導部的公開態度對於馬克思的批判。這篇論文含有銳利的攻擊對着馬克思的評價拉薩爾並且認定該黨反對了馬克思的意見而採用了『哥達綱領草案』是該黨的一個功德。該文又說：該黨的發展證明了馬克思的錯誤，並說該黨的國會黨團和領導部沒有任何時會同意過發表這個批判。該文說：德國社會民主黨員既不是馬克思主義者，也不是拉薩爾派的人們——他們是社會民主黨員。（『新時代』，一八九〇——九一年，第一卷六八四頁）

⓫❷李卜克內西企圖為『新時代』寫一篇特約論文關於『哥達綱領』的歷史。據考茨基說：『這篇論文……尚寫出來，在總的方面，一定可以供給本黨綱領的一篇歷史。並且特別可以寫出一八七五年那時使得『哥達

綱領』能夠當作本黨大多數的理論上的良心的表現着的那些情況。』。（同上，六八一頁）『這樣看來』，考茨基在上面引證過的論文『我們的綱領』裏寫道：『這封綱領信件需要一個補充。恩格斯沒有辦法拿出來。』

❶❸這就是指恩格斯的著作『家族私有財產與國家之起源』第四版，由斯都得伽特黨出版部（蒂茨出版部）出版。

❶❹費旭（Richard Fischer 一八五五——一九二六年）德國社會民主黨的執行委員，柏林黨出版部主任。

❶❺在一八九一年恩格斯寫了幾篇序文給幾本新出版的馬克思的著作『法蘭西內戰』、『工錢和資本』和他自己的一本書叫做『社會主義從空想到科學的發展』。

列寧論「哥達綱領」

『馬克思主義論國家』中的摘錄

——摘錄自『馬克思主義論國家』一書中（一九一七年一月至二月）恩格斯給倍倍爾的信——

恩格斯（一八七五年三月十八日——二十八日）給倍倍爾的信對於國家問題是特別的重要（倍倍爾底『我生之回憶』第二卷，三一八頁以下，一九一一年斯都得伽特出版，是年九月二日的序言）

最重要的地方完全摘錄在這裏：

『「自由的人民國家」被改變爲自由的國家。照文法來講，一個自由的國家是這樣的一個國家，即對於他的公民是自由的，那末是一個具有專制政府的國家。應該取消一切關於國家的空談，尤其從巴黎公社以來，公社早已不是原來意思的國家了。所謂「人民國家」是無政府主義者很討厭地誣責我們的，不顧馬克思之反蒲魯東的著作以及後來「共產黨宣言」都早會直接說過：跟着社會主義秩序底實現，國家會自行解體與消失。因爲國家只是一個過渡的

注意

制度，在鬥爭中在革命中可用以強力鎭壓他的敵人。所以，「自由的人民國家」是純粹的胡說：只要無產階級還在使用（恩格斯加的重點）國家，它並不是爲了自由底利益來使用它，而是爲了鎭壓它的敵人，如果一能夠說到自由的時候，那末國家就會停止其爲國家了。所以我們提議到處用德文的公共組織（Gemeinwesen）來代替「國家」，這一個好的德意志古字能夠很好地代表法文的公社（Kommune）。』

好好注意

好好注意

這是馬克思和恩格斯最明顯而且最銳利的『反對國家』的地方。

一，『必須取消關於國家的一切空談。』

二，『公社早已不是原來意義的國家。』（那末還有什麼？顯然地只有由國家到非國家的一個過渡形態！）

三，無政府主義者們以『人民國家』『譴責我們』。（可見馬克思和恩格斯以他們的德國朋友們這種明顯的錯誤爲恥，不過他們兩個按照當時的情形當然有正當理由認定這和無政府主義者們底錯誤不能比較的微少的錯誤。這點好好注意!!）

四，跟着社會主義社會制度之實現『國家會自行解體（『自己消解』）好好注意 並且會消失……（參照後面：『死滅』）

五，國家是一個『過渡的制度』，在鬥爭中在革命中『要用的』……（自然無產階級來用它）

六，人家要用國家並不是爲了自由底利益，而是爲了鎮壓無產階級底敵人。

七，如果有了自由，就不會有國家了。

普通『自由』和『民主』兩個概念總被當作同一，並且往往把這個按在那個位置上來用。恰恰庸俗馬克思主義者們（以考茨基和普列哈諾夫一幫爲首）常常這樣想。其實，民主是排斥自由的。發展底辯證（進程）如下：由專制主義到資產階級民主，由資產階級民主到無產階級民主，由無產階級民主到完全無有。

注意!!!!

八，『我們』（即恩格斯和馬克思）必會提議『到處』（在綱領裏）使用『公共組織』、『公社』等字樣來代替『國家』。

從這裏就可以看到不單機會主義者們，甚而考茨基也庸俗化了汚損了馬克思和恩格斯。

在這八條內容豐富的思想裏，機會主義者們連一條也沒有理解到!!

他們只是抓住了現在之實際的需要：利用

政治鬥爭，利用今天的國家來訓練並教育無產階級，『來爭取一些讓步』。這是對的（反對無政府主義者們），不過這一點才只是馬克思主義底百分之一，如果可以用算術來這樣表現的話。

考茨基在他的宣傳工作和著述工作裏完全曲解了（是忘記了呢還是不懂得？）上述一、二、五、六、七、八等六點，和馬克思底『打碎論』（在考茨基和班業苦克的一九一二或一九一三年的論爭裏），考茨基在這個問題上已經完全陷在機會主義裏了。

我們和無政府主義者的分歧是：（一）現在以及（二）在無產階級革命期間，利用國家（『無產階級專政』）——這兩個問題在實踐上尤其現在非常重要（連布哈林都也忘記了！）。我們和機會主義者的分歧是：我們有更深刻『更永遠』的眞理關於（一）國家之過渡的性質；（二）現在關於國家空談之有害；（三）無產階級專政之並非完全國家的特徵；（四）國家和自由之間的對立；（五）以公共組織來代替國家之更正確的思想（概念，綱領，術語）；（六）官僚主義的軍事的機構之『打碎』等等。也不要忘記，無產階級專政被德國那批公開的機會主義者（伯因斯坦、柯爾勃等等）直接被正式

綱領以及被考茨基不過間接地拒絕了，他們在日常鼓動中抹殺了無產階級專政並容忍了柯爾勃一幫人底叛變。

在一九一六年八月曾有信寫給布哈林，說：『使你的關於國家的思想成熟起來。』但是他沒有使它成熟就作爲『注意點』讓它爬到報紙上去，而且是這樣做的，他本應揭穿考茨基派，反而拿他自己的錯誤來幫助了他們！不過在基本上布哈林要比考茨基接近眞理些。

注意

『新時代』第十九卷（一九〇〇至一九〇一年）（一九〇一年三月第二十六、二十七期）八〇四頁：倍爾（M.Beer）論英國之沒落並論及它的帝國主義，腐化性以及其他各國底帝國主義……——（注意）同著者：『社會帝國主義』『新時代』第二十卷Ⅰ（一九〇一到一九〇二）二〇九頁及以下各頁（費邊主義者）和『職工會之現狀』，同期四三頁（注意）（『帝國主義的社會的時代』）

第十九卷Ⅱ，一九七頁，伐爾透（Walter）的文章論『俄羅斯帝國主義』……（從彼得一世到二十世紀的中國）

馬克思的『「哥達綱領」批判』

一八七五年三月二十八日恩格斯寄給倍倍爾的信，馬克思寄給白拉克的附有『「哥達綱領」批判』的信，在一個多月以後卽一八七五年五月五日寫的（『新時代』第九號工：一八九一年）（一八九〇到一八九一年第十八號）

初看起馬克思在這封信裏比恩格斯更是『政治家』些——如果容許使用我們的敵人底這個陳腐術語的話。

恩格斯提議：（一）完全不要談到國家；（二）拿『公共組織』來代替這個字；（三）甚而他說明『公社』（卽『無產階級專政』）『早已不是原來意思的國家』，關於這些在馬克思方面一字也沒有提到，甚而，相反地，他居然說到那『將來在共產主義社會裏的國家組織!!』（『新時代』第九卷工五七三頁）

初看起會發生一個印象，好似這裏有什麼瑣碎的矛盾、混亂或者不同意見！但是只是在初看上。

馬克思信裏底重要地方，（關於這個問題的）完全在這裏：

『「今天的社會」是資本主義社會，它是在一切文明國家裏存在着，它是或多或少地脫離

了中世紀的附隨物，或多或少地因各國特殊的歷史發展而改變着，或多或少發展着。相反地，「今天的國家」跟着國境而變遷着，國家在普魯士德意志帝國和在瑞士國度裏不同，在英國和在美國裏不同。這樣看來，這所謂「今天的國家」是一個虛構。

不過各個不同的文明國度之不同的國家，盡管各有種種形態的差別，是有着共同之點，卽他們都站在或多或少發展了資本主義的現代資產階級社會之地基上。因此他們也有着某種的共同的根本性質。在這個意義之下，我們可以談論「今天的國家組織」，和將來相反，那時它的今天的根基，卽資產者社會，是已死滅了。

注意 那末要問：這國家組織將來在共產主義社會裏，會經歷怎樣一種變化呢？換句話說，那一些社會機能在那兒餘下來而和今天的國家機能相類似呢？這個問題只能是科學地來回答。儘管人民這個字與國家這個字經過千重的合併也不能有些許的接近這個問題。

在資本主義和社會主義社會之間，有着一個從前者轉變到後者之革命的轉變時期，也有一個政治上的過渡時期來適應着它，這時的國家不是別的，而是無產階級革命專政。（馬克

思加的重點）（『新時代』第九卷Ⅰ，五七二——七三頁）

這個「綱領」既與無產階級底革命專政無關，也與共產主義社會之未來的國家組織無關。』

這明明是一個責難，看下文就明白：這個『綱領』與陳舊的民主主義的禱告有關，但與無產階級底革命專政和共產主義社會裏的國家組織却無關……

『這個「綱領」的政治要求不過是陳舊的世人皆知的民主主義的禱告：普選權，直接立法權，人民權利，人民武裝等等。這些只是資產階級人民黨及「和平自由同盟」之單純的反響』。（五七三頁）

（這些要求早已『實現了』——不過不在德意志國家內，而是在別個國度，在瑞士，在美國。這些要求只有在某一個民主共和國內才有地位。這個『綱領』不要求共和國，——像法國工人綱領在路易斐立普和拿破崙三世的統治之下所作的那樣——想從軍事專制主義的手裏得到一點只

有在民主共和國裏才有地位的東西，這是在德國做不到的，那末也沒有一點意義，……就是那庸俗民主派『也比那種偏促在警察許可但在邏輯上不許可的界限之內的民主派要高好多』。）

非常好（並且非常重要）

在這些說話裏面，馬克思恰似早已看到考茨基派底整個的陳腐：關於一切可能的好的事物之甜蜜的說話，結果是粉飾眞實性，因爲民主和平與帝國主義，民主政治和君主專制之間的不可調和性被曲解或隱蔽起來了。

那末，無產階級專政是『一個政治的過渡時期』；顯然這個時期的國家也是從國家到非國家的一個過渡，這是說，『已經不是原來意思的國家』。在這個問題上，馬克思和恩格斯之間決沒有衝突的。

但是，馬克思繼續講到『共產主義社會底未來的國家組織!!』那末在共產主義社會裏竟還有國家組織!! 這裏不是一個矛盾嗎？

不： 1——在資本主義社會裏是原來意思的國家。 資產階級用的國家

2——在過渡（無產階級專政）中是過渡類型的國家（不是原來意思的國家）。

無產階級用的國家

3——共產主義社會中：國家之死滅。

國家不再用了它就死滅下去

絕對的理路井然並且明明白白!!

換言之：

1——民主只是作爲例外，永不是完全的。

1——民主只是對於富有者們及對於一小層的無產階級（對於窮人們的民主是無有的！）

2——是差不多完全的民主，只是由於鎮壓資產階級底反抗而限制住了。

2——對於窮人們，對於十分之九的人口的民主，強力鎮壓富有者們底反抗。

3——眞正完全的民主，民主變成習慣，因之就死滅……完全的民主就等於無民主，這決不是一句取巧的說話而是眞理！

3——完全的民主，變成了習慣，因之死滅下去，它給『各盡所能，各取所需』的根本原則讓出地位。

見本書第105頁傍註

在『「哥達綱領」批判』裏也有一個很重

要的地方討論着國家的問題，在這裏有一段未來社會之經濟的分析。

在這裏（五六五——五六七頁）馬克思批判着拉薩爾底『不折不扣的勞動的所得』的觀念，並指出必須扣除一部份作爲補充生產手段之已經用去了的部份，作爲準備基金，以便支付管理、學校和衞生設施等等的費用，他繼續寫道：

『此地我們所要討論的是一個共產主義社會，不是說它如何在自己的基礎上發展的，而相反地，是它怎樣剛從資本主義社會裏生長起來的；那末它在任何方面，在經濟上，風俗上以及精神上還帶着舊社會——它是從它的胎盤裏生長出來的——底斑痣。適合着這個情形，個別的生產者，——在各項被扣除之後——精確地獲取他所給與社會的。他給與社會的是他個人的勞動量。例如一個社會的勞動日是由所有個人的勞動時間底總合所形成的；個別生產者底個人勞動時間是社會的勞動日之由他所供給的一部份，是他在這個社會的勞動日裏的一份。他從社會獲得一種證券，證明他（扣除了他爲公共貯蓄的勞動之後）供給了多少勞動，於是，他憑券到消費手段的社會儲蓄中取出與他的勞動相等的那麼多東西。他在一種形態中

注意

所給與社會的同一勞動量，又在另一個形態裏得了回來。』（見第八頁）

『除了個人的消費手段之外，沒有什麼其他的東西可以成爲個人的財產。但是關於消費手段在個別生產者之間的分配，就通行着如像在商品等價物的交換裏通行的同一原則：某一個形態裏同量勞動可以與另一個形態裏的同量勞動交換。這個平等權利是以不平等性、事實上的不平等性、人類底不平等性作前提的，因爲有些人身體強些，有些人身體弱些，等等（『如果各個個人不是不平等的，那末他們就不成其爲各種的個人』）——這一個人會比另一個人收入多些。』

那末：
1.『長期的誕生的痛苦』
2.『共產主義社會底初步階段』
3.『共產主義社會底更高階段』

『不過這些弊害在共產社會底第一個階段上是不可能避免的，因爲這社會剛正從資本主義社會裏經過長期的誕生的痛苦之後才產生出來。『權利決不能高過於社會的經濟狀態以及由此而決定的社會底文化發展。』

『在共產主義社會底更高階段上，在個人們之奴役的從屬於分工以及因此而生的精神勞

注意

動和肉體勞動的對立消滅之後，在勞動本身變成不單是生活底手段而且是第一個生活需要之後；在生產力跟着個人底一切方面的發展也增長起來，並且在合作的財產底源泉更豐富地湧流出來之後——然後能夠完全超過那狹隘的資產階級的權利界限，這個社會在它的旗幟上寫着：各盡所能，各取所需！』

注意

那末，這裏明顯地、清楚地、確切地區別出共產主義社會底兩個階段：

同樣就有一個強迫底形式：『誰不勞動，誰就不應該有飯吃』

較低的（『初步的』）階段——消費手段底分配以每個人所給與社會的勞動份量爲『比例』。分配底不平等性還是強大的。『狹隘的資產階級界限』還沒有完全被超過。這點要注意!! 和這（半資產階級的）權利聯在一起顯然那（半資產階級的）國家也同樣還不能完全消滅。這點要注意!!

注意

勞動變成一種需要，沒有一點強迫

『更高的』階段——『各盡所能，各取所需。』什麼時候才可能呢？如果（一）精神勞動和肉體勞動的對立消滅了；（二）勞動成爲第一個生活需要（注意！勞動底習慣變成規則，無有強迫!!）；（三）生產力更強大地發展起來等等。顯然地國家底完全死滅只有在這個更高的階段上才可能，這點要注意！

一八七五年恩格斯的信

在恩格斯寄給倍倍爾的那封信（一八七五年三月十八——二十八日）裏還有一些特別教訓豐富的文章比別些文章更明白照明着馬克思主義的某些側面：

一，……『第一他們（在「哥達綱領」裏）接受了拉薩爾派吹得震天響但在歷史事實上錯誤的語句：和工人階級對立的所有其他的階級只是一個反動的集團。這個命題只在個別的例外場合裏是眞實的，例如在巴黎公社那樣的無產階級革命裏，或者在一個不單資產階級已經把國家和社會按照它的意像來鑄成，並且民主的小資產階層也跟着資產階級澈底實行了這種改造的國度裏是眞實的。（在德國你們和人民黨攜手合作了那麼「多年」，並且你們提出了七個政治要求，「其中沒有一個不是資產階級（恩格斯加上的重點）民主主義的。」）』 注意 （例如在瑞士） 注意

二，……『第五，關於工人階級通過職工會組成爲一個階級的這件事情，一句話也沒有提到。而這是一個根本的要點，因爲這是無產階級底固有的階級組織，在這個裏面無產階級實行着它和資本的日常鬥爭，在這裏面無產階級 對！

注意 訓練自己，這個組織到今天就像現在巴黎那樣處在最惡劣的反動情形之下也不能完全破壞。在這個組織在德國也已經達到了的重要性上，我們以爲在「綱領」裏指出它的重要性並且在黨的組織裏公開給它儘可能留一個地位是絕對必要的。』

注意 三，……『在「綱領」裏『同樣缺乏着一切自由底第一個條件，一切公務員對於他們的職務行爲應向每一個國民在普通法庭前按照公法來負責的。』

四，……『「廢除一切社會的政治的不平等」——來代替「取消一切階級差別」，也是一句值得考慮的語句。隨便那一國，隨便那一省，隨便那一地方，總存在着生活條件底某種不同等，我們可以把它減少到最小限度，但從不能完全除去。亞爾波斯山裏的居民與平原上的居民總有着另外的生活條件。把社會主義社會當作平等底國度的觀念是一種法蘭西的片面的觀念，是依據着陳舊的「自由平等博愛」的思想，這個觀念被視爲那個時代和那個地域底發展階段是正當的，不過這個觀念像一切以前的社會主義派別底片面性一樣，現在應當克服下去，因爲這些只能惹起頭腦中的混亂，並且

注意 現在已經找到了事物之精確的表現方式。』

五，巴枯寧在他的著作『政治和無政府』裏把李卜克內西所寫的一切『不加思索的語句』都要我們負責……

李卜克內西的『不加思索的語句』

六，『一般講來一個政黨底正式綱領要比它的實際做的不很重要些。但是一個新的綱領總是一面公然樹起來的旗幟而且外界也根據綱領來判斷這個政黨。』

倍倍爾在一八七五年九月二十一日答覆恩格斯的信裏，說：『我完全同意你關於「綱領草案」的判斷，一如我寄給白拉克的信所證明的。我也曾嚴厲責備了李卜克內西底屈服……不過不幸事件既然發生之後……那末，整個就是一個教育問題了。』

注意
呵哈！
呵哈！

倍倍爾自己在不久以前也有過關於『人民國家』的一切模糊見解，在他的小冊子『我們的目標』（第九版，一八八六年，一八七二年第三版以後沒有修改過）第十四頁裏證明着：『所以國家必須由以階級統治爲基礎的國家轉變成人民國家……在這個國家裏合作的生產必須代替個別的私人企業。』同樣在這本小冊子底第十四頁，他介紹了馬克思，也介紹了拉薩爾!!並排地!!當時倍倍爾沒有看到他們兩人關於國家的見解之不同。

馬克思：『哲學之貧困』

在恩格斯的一八七五年三月十八——二十八日的那封信裏所提到的『哲學之貧困』底那段文章顯然是下列這一段：

注意

『工人階級將在發展底進程裏將創設一個會社(Assoziation) 來代替舊的資產階級社會，這個會社排除了階級和階級對抗，並且它將不會有固有的政治權力，因爲正是這個政治權力才是資產階級社會內階級對抗底公然表現。』（『哲學之貧困』一八二頁，一八五八年），（『序言』的日期是一八四七年六月十五日）

『共產黨宣言』論國家

注意：『共產黨宣言』：國家就是組成統治階級的無產階級

在『共產黨宣言』（一八四七年九月）裏這個思想是如是表現的：

『在敍述無產階級發展底一般階段的時候，我們注視了現存社會內部或多或少隱掩着的國內戰爭，直至它到達一點，卽爆發爲一個公開的革命，那時無產階級用暴力推翻資產階級，來建立自己的統治。』

在第二章末我們讀到：

『我們在上面已經看到，工人革命的第一步是提高無產階級爲統治階級，獲取民主。

無產階級將利用自己的政治統治，一步一步地把一切資本從資產階級那兒奪來，把一切生產工具集中在國家手裏，就是說，集中在組成爲統治階級的無產階級手裏，而儘可能最迅速地增殖生產力底總量。

要能實現這些，自然起初只向財產權與資產階級生產關係採取強制的侵犯，就是說，採用一些辦法，這些辦法在經濟上好像是不充分的與脆弱的，但在運動的進程中要超越它本身而成爲變革整個生產方式所必不可免的手段。』

『國家』就是組成爲統治階級的無產階級

注意：強制的侵犯

並且列舉了（十條）辦法之後，作者更繼續寫道：

『當着在發展進程中，階級差別歸於消滅，一切生產都集中在個人所結成的集體之手中時，公衆的權力便失去自己政治的性質。政權，在字的本意講來，是一個階級壓迫另一階級的有組織的權力。如果無產階級在反對資產階級的鬥爭中必然地團結成爲階級，如果無產階級經過革命使自己轉成統治階級，而以統治

階級的資格用強力去廢除舊的生產關係，那末，同着這種生產關係一起，無產階級也便要一般地消滅階級，因而也就要消滅它自身作爲階級的這種統治……近代的國家權力不過是執行整個資產階級之共同事務的執行機關而已。』

『共產黨宣言』論到『工人革命』，『共產主義革命』，『無產階級革命』。『無產階級專政』這一術語顯然尚未出現。但是『提高無產階級爲統治階級』，無產階級『組成爲統治階級』，無產階級的『強制侵犯私有權』等等正是『無產階級專政』

注意 『國家，這是說組成爲統治階級的無產階級』——這正是無產階級專政。

---

⑪其中一、五、六條都只說到『國家』例如『集中運輸手段在國家手中』。

『國家與革命』中的摘錄

恩格斯底補充說明

恩格斯給倍倍爾的信

——摘錄自『國家與革命』（『列寧選集』第十二卷『解放社』版六四——六七頁）——

在一八七五年三月十八日至二十八日，恩格斯給倍倍爾的信中的下面一段話，是要算馬克思和恩格斯對於國家問題的著作中，最出色的議論之一（如果不是最出色的議論的話）。我們要附帶地說明，就我們所知，這封信第一次是由倍倍爾刊印於他的言行錄（『我的生活』）第二册中的，這部言行錄，刊行於一九一一年，就是說，是在這封信寫就及郵寄之後的第三十六年。

恩格斯在那封給倍倍爾的信中，批評了馬克思在致白拉克的有名的信中所亦曾批評過的『哥達綱領草案』，而且他把國家問題特別提出來講，他這樣說：

『……自由人民國家變爲自由國家了。從這個字的文法的意義上講，自由國家，就是對於自己的公民是自由

的一個國家，也就是說這是一個專制政府的國家。其實我們最好把這一切關於國家的空談丟開不提，尤其是在「巴黎公社」以後，因爲從國家這個名詞的原來的字義上講，「公社」已經不是國家了。無政府主義者每每拿「人民的國家」的說法來攻擊我們，使我們討厭極了，雖然馬克思反蒲魯東的著述中以及「共產黨宣言」中早已十分明顯地說過，國家是要隨着社會主義的社會制度之開創而自行解體(sich aufloest)和消滅的。因爲國家不過是一種過渡的機關，在鬥爭中和革命中應當利用這個機關，以便用強力來壓服自己的敵人，所以說什麼「自由人民國家」，完全是無意識之談：在無產階級還需要國家的時候，它並不是爲了自由而是要壓倒它自己的敵人；到了真正能夠說到自由的時候，那時國家之爲國家已經是不能存在了。所以我們可以提議無論在何處都用「公社」(“Gemeinwesen”)這個好的德國古字來替代國家這一個名詞，這個德國古字的意思與法文中的「公社」(commune)是相同的。』(見德文原稿第三二二頁)

我們應該記着，這封信是關於黨綱的，而這個黨綱是被馬克思在他的一封信中所批評過的，這信僅在恩格斯那封信的幾個星期(馬克思的信是一八七五年五月五日寫的)以後，當時恩格斯與馬克思一同住在倫敦。因此，當他說『我們』，那是無疑的是恩格斯拿他自己和馬克思的名義，向德國工黨的首領提議將黨綱上的『國家』字樣取消而代之以『公社』字樣。

如果向那些爲機會主義者之方便而僞造馬克思主義的首領們提議在黨綱上做這樣的修改，那末他們將怎樣狂吠而叫喊着『無政府主義呵』！

讓他們狂吠罷，資產階級還要褒獎他們呢。

可是，我們還是要做我們的事。我們在審查我們的黨綱的時候，對於恩格斯與馬克思的忠告，是絕對應該注意到的，這樣我們才能接近眞理，恢復眞正的馬克思主義，洗清一切對於它的曲解，以便工人階級的解放鬥爭向着更正確的路線進行。在布爾塞維克當中大概不會有一人反對恩格斯和馬克思底忠告的。困難或許只是在名詞上。在德文中有兩個字都解作『公社』，而恩格斯所採用的一個，並不是表示一個單獨的公社，而是表示全體公社之總和的一種公社底制度。在俄文中沒有這一個字，然而我們或者可以採用一個法文字"Commune"，雖則這個字也有它的不適當處。

『從字眼的原意上講，公社已經不是國家了。』這是恩格斯最重要的理論上的斷言。看了上面的解說之後，對於這種斷言就可以完全了解了。當公社所要鎭壓的不是大多數人民，而只是少數人民（剝削者）的時候，公社就已經不成爲國家了；這時它已經破壞了資產階級的國家機器；而全體人民已經自己登台以代替一種特殊的壓迫勢力了。凡此一切，都已經離開了國家底原意。要是『巴黎公社』已經鞏固了的話，那末國家底痕跡，就將在這種情形之下自行『消滅』，公社也就用不着『廢除』國家機關了，因國家機關將隨着無事可做而停止自己職務。

『無政府主義者拿「人民國家」的話來攻擊我們』，恩格斯講這句話的時候，首先是指巴枯寧及其對德國社會民主黨人的攻擊。恩格斯認為這種攻擊的對的地方，只是在於：因為『人民國家』與『自由人民國家』是一樣的荒謬，一樣的離開社會主義。恩格斯努力要改正德國社會民主黨人之反對無政府主義者的鬥爭，使這種鬥爭眞正合乎原則，並且把其中所有的機會主義者對國家的偏見掃除淨盡。可惜呀！恩格斯這封信在書櫃中隱藏了三十六年之久。我們在下面可以看到，就是這封信發表之後，考茨基依然很頑固地繼續重復恩格斯曾經所警告過的那些錯誤。

倍倍爾於一八七五年九月二十一日覆信給恩格斯，說他『完全同意』恩格斯關於黨綱草案的批評，並說他指斥了李卜克內西的那種讓步態度。（倍倍爾底言行錄，第二卷，德文版三〇四頁）但是，拿倍倍爾底『我們的目的』那本小册子來看，我們就可以看到其中對於國家問題有許多絕對錯誤的議論：

> 『應該把建築在階級統治基礎上的國家變為人民的國家。』（"Unsere Ziele"德文版第一四頁，一八八六年出版）

這是刊印在倍倍爾那本小册子第九版中的！『德國社會民主黨』的這樣堅决繼續着機會主義者關於國家的議論，是不足為奇的，尤其是當恩格斯底革命的理解被藏匿了，而一切生活環境又長久使人們『忘記了』革命的時候。

國家衰亡之經濟基礎

這個問題在馬克思所著的『「哥達綱領」批評』（一八七五年五月五日給白拉克的信，此信只在一八九一年刊登於“Neue Zeit” IX,I，並翻成俄文出版單行本）中講得最為詳盡。這本出色著作中批評拉薩爾主義的辯論之部，遮蔽了論述的一部，就是：共產主義之發展與國家之衰亡兩者間的關係底分析。

一 馬克思對於本問題的提法

把馬克思一八七五年五月五日致白拉克的信，拿來與上述的恩格斯在一八七五年三月二十八日致倍倍爾的信，作一表面上的比較，似乎馬克思帶有『國家派』的成分，要比恩格斯更多，兩人對於國家的見解，顯然有很大的差別。

恩格斯向倍倍爾提議拋去一切關於國家的廢話，在政綱中完全廢去國家的字樣，而以『公社』代之；他甚至又宣佈說『公社』實際上已經不是『國家』一字原意上的國家了。馬克思則不然，他曾經甚至講過『將來共產主義社會底國家』，就是說，似乎他承認甚至在共產主義之下，國家也是必需的。

但是這樣的見解是根本錯誤的。如果更深刻地研究下去，便知道馬、恩兩氏對於國家及其衰亡之見解是絕對一致的，而上面所引的馬克思的說法，恰恰是指正在衰亡的國家

而說的。

很明顯的，將來『衰亡』底日期的規定，是無從說起的，尤其是因爲它顯然是一個長期的過程。馬克思和恩格斯之間表面上的差異，是由於他們所研究的題目底不同和探討底目的有所區別而發生的。恩格斯底任務，在於把普通對於國家的流行的偏見（拉薩爾也是一樣同意的）之全部荒謬性，明顯地、激烈地、大書特書地表示給倍倍爾看。至於馬克思則不過是順便提及這個問題，而主要的是側重在另一題目：共產主義社會之發展。

馬克思底全部理論，是以最澈底、最完整、最精密、而又最富有內容的形式，來把發展論應用於現代資本主義。這樣，他便自然要把這個理論應用到資本主義底將近的破產和未來共產主義底未來的發展上去的。

試問根據什麼材料可以提出未來共產主義之未來的發展問題呢？

可根據的，就是共產主義從資本主義之內產生出來，它在歷史上是從資本主義中發展出來，它是資本主義所產生的社會力量之動作底結果。馬克思絕對沒有要創造一個烏託邦和憑空揣想一件不可推測的東西的那種企圖。他的研究共產主義的問題，正像自然科學家研究一種新的生物形態底發展問題一樣，既然我們知道一物底來源，又知道此物變化的一定的方向。

馬克思最初便把『哥達綱領』中關於國家與社會的相互關係問題中的糊塗觀念，先行掃除乾淨，他說：

『……現代的社會是資本主義的社會，它存在於一切文明國家中，它是離開中世紀制度而多少自由的，它依着每一國家歷史發展之特殊的條件而多少有所不同，它多少是已經發展了的。反之，『現代的國家』則跟着每一國界之不同而變化的。它在普魯士德意志帝國與它在瑞士是完全不同的。它在美國與英國也完全不一樣。所以『現代的國家』實在是一種虛構。

不管各個文明國家底各種不同的國家形式如何分歧，可是它們却有一點是共同的——它們都是建築在資本主義多少發展了的現代資產階級社會底基礎之上。所以它們具有某幾個共同的重要的特徵。在這點意義上，可以說「現代的國家」，以別於現在國家根基——資產階級的社會——消滅時之將來。

其次問題就是這樣：在共產主義社會中，國家取怎樣的一種形式呢？換一句話說，到共產社會的時候，還有那些與現代國家職能相似的社會職能遺留着呢？這個問題只能用科學方法來答覆，無論幾百幾千次的把「人民」與「國家」幾個字去聯接起來，而對於這個問題底解決，終究是毫無帮助的……。』

這樣馬克思譏笑了一切關於『人民國家』的空話，同時就給了本問題底提法，並且似乎對人警告說，為要得到這個問題底科學的答覆，只能依據確當的科學材料。

這裏首先要指出由整個的發展論、整個的一般的科學所已經完全確定了的結論（這一點是為烏託邦主義者所忘記，而

且現在又爲畏懼社會主義革命的現代機會主義者所忘記的）就是：從資本主義轉到共產主義，歷史上必要有一個特殊的過渡階段。

二 從資本主義到共產主義的過渡

馬克思繼續着說：

『……資本主義社會與共產主義社會之間，有一個從前者轉到後者的革命的轉變時期。同時又有一個政治的過渡時期，也是同這個時期相符合的，而這個時期底國家，除了無產階級底革命的專政之外，便沒有任何別的國家。』

這個結論是馬克思根據無產階級在現代資本主義社會中的作用底分析，根據這個社會發展底事實，以及無產階級與資產階級利益矛盾的不調和性而獲得的。

從前問題是這樣提法的：無產階級爲要得到自己的解放，它必須推翻資產階級，奪取政權，並且建立起它自己革命的專政。

可是現在這個問題底提法已經多少有些不同了：從發展到共產主義的資本主義社會進到共產主義的社會的過渡，如果不經過一個『政治的過渡時期』是完全不可能的，而這個時期底國家，也祇有是無產階級革命的專政。

可是這個專政對於民主的關係，到底是怎樣呢？

我們知道，『共產黨宣言』是把二種概念並列地提出來：『無產階級變爲統治階級』和『獲得民主』。根據一切

上面所說的話，我們可以更正確地斷定，從資本主義到共產主義的過渡中，民主制是怎樣變化的。

在資本主義社會裏，在資本主義社會最順利發展底條件之下，我們可以看見在民主共和國之下有一個多少完備的民主制。但是這個民主制是常常受着資本主義剝削之狹窄的範圍所限制的，因此實際上它常常祇是爲着少數人、爲着有產階級、爲着富有者的民主制。資本主義社會裏的自由，每每與古代希臘共和國裏的自由大概相像的：自由只是奴隸主底自由。現代的傭傭奴隸，由於資本主義的剝削條件之故，被貧乏和窮困壓榨到了這樣的一種程度，以致他們『不暇過問民主制』，『不暇過問政治』；在平常的和平的事變潮流中，大多數人民是被排除於社會政治生活之外的。

這種論斷之正確，證實得最爲明顯的，也許要算德國的實例了，正因爲在這個國家裏，立憲的合法性已經存在得很久：已經很穩固地存在幾半世紀(一八七一至一九一四)了：在這個時期當中，社會民主黨爲『利用合法性』而做的工作比其他各國都多，爲把大批的工人組織成爲一個政黨所能做到的事，也是世界上任何地方所沒有的。

那末要問，在資本主義社會裏，德國有政治覺悟和能有政治活動的傭傭奴隸之最大的比例有多少呢？一千五百萬傭傭奴隸中間，有一百萬是社會民主黨黨員！而在這一千五百萬人當中，有三百萬人是組織在工會中的！❶

---

❶根據一九一七年的統計。——編者

爲極少數人所有的民主制，爲富有者所有的民主制，——這就是資本主義社會底民主制。若是更接近地來看資本主義民主制的結構，那末，無論何時何地，無論在選舉權的『小事』（似乎是小事）當中（居住資格；婦女除外等等），無論在代表機關的技術中，無論在關於集會權的實際障礙中（公共建築物都不是爲『窮人』用的！），以及在每日報章之純粹資產階級的組織中等等，我們都可以看出層層的限制，而且是對民主制的層層限制。這種對於窮人的限制、例外、除外以及障礙，看來似乎不關重要，——尤其是在那般自己從來不曉得有什麼貧乏也從來沒有同被壓迫階級底羣衆生活接觸過的一般人底眼目中（這種人在資產階級的政治家和政論家中，如果不佔百分之九十九，至少也要佔十分之九），看得不關重要，但是總算起來，這些限制都要將窮人摒出於政治之外，使他們不能積極參加民主制。

馬克思把資本主義民主制這個本質很好地抓住了。當他分析『巴黎公社』底經驗時曾說：給被壓迫者數年一次去決定，壓迫階級中誰將到國會裏去代表他們，壓迫他們！

資本主義的民主制必然是偏狹的，暗中排斥窮人的，因此它是完全虛僞的，欺騙的。但是從這個民主制進到『逐漸擴大的民主制』，這一種進展，决不是像一般自由派的教授先生們和小資產階級的機會主義者所想像的那樣簡單、直捷和平穩的。决不如此，過渡到共產主義的那種進展，是要經過無產階級專政的，而且非此决不能成功，因爲要打破剝削者資本家的抵抗，沒有其他的人，也沒有其他的方法。

無產階級專政——就是組織被壓迫者先鋒隊爲統治階級以鎮服壓迫者——不能僅僅擴大民主制就算了事。除了大大地擴大民主制——第一次成了貧民的民主制，民衆的民主制，而非富人的民主制——之外，無產階級專政應該對於壓迫者、剝削者、資本家的自由，加以許多剝奪。我們爲要使人類從僱傭奴隸之下解放出來，我們必須壓倒這般人，我們必須用武力打破他們的反抗，凡是要用鎮壓、用暴力的地方，便沒有自由和民主，這是很明顯的。

讀者還記得，恩格斯在他給倍倍爾的信中曾很顯著地講明了這一點，他說：

『無產階級需要國家不是爲着自由，而是爲要壓倒自己的敵人；到可以講自由的時候，就不會有國家了。』

對廣大的民衆實行民主制而以暴力鎮服民衆底剝削者和壓迫者，就是說把他們摒棄於民主之外，——這便是從資本主義到共產主義過渡時期中的民主制的變態。

祇有在共產主義社會中，當資本家的反抗已經澈底地打破了，資本家也完全消滅了，階級也不復存在了（就是說，社會底組成份子在其對社會的生產手段的關係上不復有差別了），只有那時，『國家才泯沒，而可以講自由』。只有那時眞正完全的民主制才有可能，才能夠實現，並且沒有任何的例外。而且只有那時，民主就開始衰亡，其原因很簡單，就是人們已經從資本主義的奴隸制，從資本主義剝削的無數殘酷、野蠻、荒謬、卑鄙行爲中解放出來了：人們將逐漸慣

於遵守社會生活的基本規則，數百年來人所熟知的，數千年來一切文件上所重復載明的規則：不要暴力，不要強制，不要服從，不要名爲國家的強迫的特殊機關，也能遵守這些規則了。

『國家衰亡』這句話，是用得很適當的，因爲它既能表明過程之逐漸性，又能表明過程的自然性。惟有習慣，才能夠而且無疑義地能夠產生這樣的結果。因爲如果沒有剝削，如果沒有引起憤恨、反抗、暴動和造成鎮壓之必要的東西，人們就很容易習慣遵守自己共同生活所必需的規則。這種情形，我們在我們的周圍，已經看見過不知幾百萬次了。

所以在資本主義社會裏，我們看到一種殘缺的、醜陋的、假冒的民主制，只爲着富人的，爲着少數人的。到共產主義的過渡時期中的無產階級專政，第一次把民主制給民衆，給大多數民衆，同時對少數人、對剝削者，實行必要的鎮壓。唯有在共產主義，才能實現眞正完善的民主制，但是它越完善，便越快成爲無用的東西，而自然地衰亡下去。

換句話說：在資本主義之下，存在着與國家原意相符合的一種國家，就是說一階級鎮壓別一階級，少數人壓制多數人的一個特殊機器。很明顯的，要完成這樣的一種有系統地以少數剝削者壓迫多數被剝削者的事業，就須要一種極端兇惡和殘酷的壓迫，就要汪洋的血海，經過這種血海，人類遂陷於奴隸制、農奴制和僱傭勞動制的境遇。

再則，在資本主義進到共產主義的過渡中，鎮壓還是必需的，但這已經是多數被剝削者加於少數剝削者的一種鎮

壓。一副特殊的鎮壓器具和一個特殊的壓迫機關——『國家』——還是必要的，但這已經是一種過渡的國家，和原意上的國家是迥然不同的，因爲以大多數過去的僱傭奴隸去鎮壓少數的剝削者，是一件比較容易和比較簡單而順乎自然的事情，其中的流血也必然比較從前鎮服奴隸，農奴和僱傭奴隸的暴動時，要大大地減少，人類所受的損失將大大地減輕。這種事情與民主制之普及於極大多數民衆完全符合，且民主制普及之廣泛，使施行鎮壓的特殊機器之需要，也開始消失。不消說，剝削者沒有一種極複雜的機器以執行這個任務，就不能鎮壓民衆，但是民衆要鎮壓剝削者，只要用種很簡單『機器』，或者差不多不要什麼『機器』，不要什麼特殊的機關，只要簡單的用羣衆武裝的組織（例如工兵代表蘇維埃，我們預先在這裏指出）就夠了。

最後，祗有共產主義，使國家完全不需要，因爲那時沒有人需要可以壓制——這裏所謂『沒有人』是指階級而言。是指那向某部份人民所作的有系統的鬥爭而言的。我們不是烏託邦主義者，我們絕對不否認個人底過分行動之可能與必然，亦不否認有制止此種行動的必要。但是，第一，爲着這一點，絕對用不到特殊的鎮壓機器，特殊的機關，武裝的民衆將自己負此責任。這種責任，好像在現社會中一羣文明人，去和解毆打者和禁止強姦婦女那一類的行動一樣的輕易和簡單。第二，我們知道，破壞社會生活規則的那一種過分的行動，其主要的社會原因，是由於剝削民衆，民衆陷於飢寒貧困所致，且這個主要原因除掉，過分行動也就必然會開

始『衰亡』的。其速率和程度如何，我們雖不得而知，但它之終歸於衰亡，是我們所知道的。這種過分行動一衰亡，國家亦卽隨之而衰亡。

關於將來共產主義社會之低級和高級階段（程度，段落）間的區別上，現在可以確定的地方，馬克思不陷入烏託邦，可是同時却有更進一步的確定。

三 共產主義社會底第一階段

在『「哥達綱領」批評』中，馬克思很詳盡地駁斥了拉薩爾的觀念，後者以為在社會主義之下工人可以獲得『不打折扣的』或『全部的勞動生產品』。馬克思指明從全社會底全部社會勞動中，必需一部份作為後備基金、擴大生產的基金、補償已『損壞』了的機器等等，然後再從消費品中，取出一筆為管理經費、學校、醫院、長老院等等的基金。

馬克思不像拉薩爾那樣應用含糊不明的，籠統的語句（全部勞動生產品歸之工人），他對於社會主義的社會應該怎樣經營事業，有一個很嚴正的估計。馬克思對沒有資本主義的那種社會底生活條件，作具體的分析：他說：

> 『我們這裏』（在分析工黨底黨綱時）『所要討論的，並不是一個已經在它自己基礎之上發展了的共產主義社會，而是一個剛剛從資本主義社會產生出來的共產主義社會，因此這個社會在經濟、道德和知識各方面，都還保留着舊社會（它是從這個舊社會底胎胞中產下來的）底痕跡。』

這個共產主義社會——剛剛從資本主義胎胞中產下來而各方面還保留着舊社會痕跡的共產主義社會——馬克思的就稱它爲共產主義社會之『第一』階段或低級階段。

生產手段已經不是個人的私有財產，而是屬於全體社會了。每一個社會組成員做某一部份社會必需的工作，就從社會領得一個證書，證明他已經做了若干的工作，根據這個證書，他就得從公共的消費品貯藏所中去領得一定量的生產品。除去應該歸入社會基金的一部份勞動之外，每一個工人給社會多少，他就從社會獲得多少。

這樣，似乎什麼都『平等』了。

但是當拉薩爾觀察這樣的社會制度（即一般所稱的『社會主義』，而馬克思稱它爲共產主義之第一階段）時，說這是『公平的分配』，這是『每人享有獲得同等勞動生產品的同等權利』，那末，拉薩爾是錯誤的，且馬克思解釋他這個錯誤說：

> 『我們在這裏確實是有「平等權利」；但是這還是「資產階級式的權利」，它像別的權利一樣，是以不平等爲前提的。一切權利都是用同一度量施行於事實上各不相同與各不相等的各種人們身上；因此「平等權利」就是平等的破壞，亦就是不公平。』

實際上，每一個人旣經盡了像別人一樣多的社會勞動，他就可以獲得社會生產，除了上面所說應作基金的一部份之外之相等的一份。

雖然如此，各個人之間還是不平的：一個人強些，另一

個人弱些；一個是結婚了的，另一個人還沒有結婚；一個人兒女多些，另一個人兒女少些，諸如此類等等。馬克思做的結論就是：

『……在平等的勞動之下，也就是說在消費品公共貯藏所中領取平等的部份之下，實際上一個人所獲得的多於另一個人的，一個人能夠比另一個人富些等等……爲要避免這種現象，權利就應當不是平等的，而應當是不平等的了……。』

所以在共產主義底第一階段中，還不能實現公道與平等：財富的差別依然存在，且這種差別是不公平的，但是人剝削人已經是不可能了，因爲那時要把生產手段——工廠、機器、土地等等奪來據爲私有資產是不可能的。馬克思打破了拉薩爾那種小資產階級性的關於一般的『平等』與『公道』的混淆不明的空話，他同時便指出共產主義社會發展的行程，這個社會首先不能不消滅的，只是生產手段操在私人手中的這個『不公平』。而這些生產手段還不能夠立刻消滅後來的不公平，即是『按工作』（而不是按需要）來分配消費品所構成的不公平。

庸俗的經濟學家——資產階級的教授們在內，『我們的』杜幹㊀也在內——常常譴責社會主義者，說他們忘記人們間的不平等，和『空想』消滅這個不平等。我們現在看見，這樣的譴責，只是證明資產階級思想家之極無知識。

㊀即杜幹•巴郎諾夫斯基。——校者

馬克思不僅十二分確切地估量到人們間不可免的不平等，而且還認定僅僅把生產手段變轉爲全體社會的公產（就是所講的『社會主義』），還是不能夠除去分配底缺點和『資產階級式的權利』底不平等，這種權利還是繼續統治的。因爲生產還是『按工作』來分配。

馬克思又繼續說…

『但是這些缺點，在共產主義社會的第一階段中，在它經過了長久的分娩的苦痛之後剛剛從資本主義社會中產生下來的階段中是必不可免的。權利永不能超過經濟的結構和經濟的結構所決定的社會文化的發展——。』

因此，在共產主義社會的第一階段中（普通稱爲社會主義），『資產階級式的權利』並沒有完全消滅，所消滅的只是一部份，只限於已經達到的經濟改革範圍內的部份，也就是說，只是對生產手段的關係而言的。『資產階級式的權利』承認生產手段是個人的私產，社會主義把它們變爲社會的公產。在這一點上，而且只有在這一點上，『資產階級式的權利』是不復存在了的。

但是『資產階級式的權利』之其他部份，依然是存在的，它現在成爲社會各份子間生產品分配和勞動分配的調節者（決定者）。『誰不做工，誰就不應有飯吃』，這個社會主義的原則已經實現了；『等量勞動可以獲得等量的生產品』，這個社會主義的原則也已經實現了。然而，這還不是共產主義，且這還沒有消滅給不同的人們之不等量（實際上

的不等量）勞動以等量生產品的『資產階級式的權利』。

馬克思說這是一個『缺點』，但是這在共產主義底第一階段中是不可免的；因爲，要不陷於烏託邦主義，我們就不能以爲推倒了資本主義之後，人們就立刻會知道爲社會勞動而不需要任何權利底標準，而且，資本主義底消滅，並沒有立刻就造成這種變遷底經濟前提。

然而，那時除了『資產階級式的權利』標準之外，便沒別種標準。所以在這樣的情形中，國家還是必需的，這種國家保持着生產手段之公有，保持着勞動底平等和生產品分配底平等。

到了既沒有資本家，又沒有階級，因此對任何一個階級的壓迫也不可能的時候，國家也就衰亡下去。

但是國家還沒有全部死亡，因爲那時還保存着决斷實際上不平等的『資產階級式的權利』，要國家完全衰亡必須有完整的共產主義。

四　共產主義社會底高級階段

馬克思接着說：

『……在共產主義社會底高級階段上，在強迫着人去服從分工的那種強迫情形消滅後，同時，勞心和勞力之間的差別也就隨之而消滅；那時勞動將不成爲僅僅是生活之方法，而它本身將成爲生活之第一需要；那時的生產力將隨着各個人在各方面的發展而增高，一切社會財富來源，也將急流似地湧現出來——只有到了這個時

候「資產階級式的權利」底狹隘眼界，才能完全破除，而社會也才能在它的旗幟上寫着：「各盡所能，各取所需」。』

現在我們才可以看出恩格斯說話的完全的正確；他曾絕不容情地嘲罵把『自由』與『國家』等字樣聯在一塊的荒謬。在國家還存在着的時候，是不會有自由的。一旦有了自由，國家就不會存在了。

國家完全死亡之經濟基礎，爲高度發展的共產主義，在這種發展之下，勞心與勞力之間的對抗性將消滅，因此將消滅現代社會不平等底最重要的根源之一，這一個根源，不能僅僅靠生產手段之轉爲公產，不能僅僅靠剝奪資本家，立刻就可消除的。

這種剝奪，給生產力有極大的發展之可能。我們看見現在資本主義已經是怎樣阻礙着這種發展，以及在現在所已經達到的技術基礎之上可以怎麼快地把這個發展推往前進，故我們得十二分自信地說，剝奪資本家，必然會使人類社會底生產力得到極大的發展。但是這個發展底前進的速度如何，何時它能夠達到打破分工，打破勞心與勞力之間的矛盾，以及何時能夠達到使勞動變爲『生活的第一需要』——這些我們是不知道，而且是不能知道的。

所以，我們可以說的，只是關於國家之必然的衰亡，特別着重說到這個過程底久長性，以及這個過程之依靠於共產主義高級發展之速度；至於衰亡底時期問題，或衰亡之具體的形式問題，還是不能解決，因爲解決這些問題的材料現在

還沒有。

當社會實現了『各盡所能，各取所需』的原則的時候，就是說，當人們已經慣於遵守社會生活之基本規則，而他們的勞動生產率發展得很大，以至他們都自願地盡其所能來工作的時候，國家才會完全衰亡。『資產階級式的權利之狹隘眼界』逼得人們像希洛克❶一樣去斤斤計較什麼我不要比他人多做半小時的工作，我不要比他人少得報酬——這樣的狹隘眼界，到那時將完全消除了。社會對於那分配給每一個人員生產品數量底標準，在那時已經沒有必要，各人皆得『按其所需』而自由地取之於社會。

從資產階級的觀點看來，容易說這樣的一種社會秩序爲『純粹的烏託邦』，且譏笑社會主義者約許各人有權向社會取得任何數量的香菌、汽車、鋼琴等等，而對各個公民底勞動，沒有任何的監督。即在今日，大多數資產階級的『學者』，還是應用着這樣的譏嘲來應付問題，但是這樣他們只是暴露了他們的愚昧和他們對資本主義之貪圖利己的擁護而已。

他們之所以愚昧，是因爲任何一個社會主義者從來也沒

❶希洛克是沙士比亞底悲劇：『威尼斯的商人』中的主角，是一種吝嗇的殘酷的高利貸者。舉例來說，希洛克對於自己的債務人不作任何的讓步，如果債務人不按期償還債款，那末，他就根據契約要求從債務人身上割『一磅肉』。

有想到『約許』共產主義發展之高級階段的到來，不過偉大的社會主義者預知它要到來，可是這個階段所需要的，不是現在的勞動生產率，不是現在的庸人，因這種庸人爲波美洛夫斯基小說中的教會學生一樣，能夠『徒然』揮霍社會財富的積貯，和提出不能執行的要求。

在共產主義的『高級』階段沒有達到以前，社會主義者要求由社會和國家方面來最嚴格地監督勞動量和消費量；不過這個監督必須從剝奪資本家，從工人監督資本家開始，而且這個監督不該由官僚的國家，而應由武裝工人的國家來施行。

資產階級的思想家（和他們的走卒如：蔡雷特利，戚爾諾夫以及他們的伙伴們等等）對資本主義之企圖利己的辯護，就是在他們把關於遙遠的將來的爭辯與談論來代替目前政治上的緊要和急不容緩的問題：剝奪資本家，把全體公民變爲一個巨大『新迪卡』——整個的國家——的工作者和職員，使這個新迪卡的全部工作都隸屬於一個眞正民主的國家——工兵代表蘇維埃的國家。

當博學的教授和跟着他走的庸人，以及那班蔡雷特利和戚爾諾夫先生們說什麽『無理的烏託邦』，說『布爾塞維克無根據的允許』，說『社會主義施行的不可能』等話的時候，他們所指的實質上是共產主義的高級階段。至於共產主義的『施行』不但沒有人允許過，而且想都沒有人想過，因爲『施行』共產主義一般地是不可能的。

這裏我們已經講到社會主義和共產主義間科學上的區別

問題，對於這個問題，恩格斯在我們上面所引他論及『社會民主派』這個命名的不確當的議論中，已經提到過。共產主義底第一階段或低級階段與高級階段之間的政治上的區別，將來大概是很大的，可是在目前資本主義之下來加重注意這種區別，實在是很可笑的，而把這個區別，看作頭等重要的問題，也許只有少數無政府主義者能夠辦到（如果在克魯泡特金、格拉夫、柯爾業利遜以及無政府主義底其他『明星』他們學『普列哈諾夫的樣式』，變爲社會國家主義者之後或照一個尙保有良心和誠實的無政府主義者革氏的說法，他們變爲『無政府掘壕隊員』之後，在無政府主義者當中，還有人沒有受到一點教訓的話）。

但是社會主義和共產主義間之科學的區別是很明顯的。一般所稱的社會主義，馬克思名之爲共產主義社會底『第一』階段或低級階段。生產手段變爲公產，那末，共產主義這個名詞在此處也是可以通用的，不過我們不要忘記，這並不是完全的共產主義。馬克思底解釋之偉大的意義是卽在此處，他也是一貫地應用唯物的辯證法，發展論，把共產主義看成是一種從資本主義中發展出來的東西。馬克思絕不用咬文嚼字的空想和『虛構的』定義和許多無意義的字面上的爭論（什麼是社會主義，什麼是共產主義），他只是對於那可以稱爲共產主義在經濟成熟上的階段的東西加以分析。

在第一階段或第一時期中，共產主義還不能達到經濟上的完全成熟，亦不能完全脫離資本主義底一切習俗和痕跡。因此我們看到，在共產主義底第一階段中仍保留着『資產階

級式的權利底狹隘眼界』那種有趣的現象。在對消費品底分配上，『資產階級式的權利』，亦自然必以資產階級式的國家為前提，因為如果沒有一個能夠強迫人去遵守權利標準的機關，則權利便等於零。

這樣，在共產主義之下，在某個時期以內，不僅是『資產階級式的權利』存在着，甚至沒有資產階級的資產階級式的國家，也還保留着！

在一般人看來，這似乎是荒謬之談，或者只是一種辯證法的玩弄聰明！凡是絕對不用功夫去研究馬克思主義之異常深刻的內容的人們，常常這樣來歸罪馬克思主義。

但是實際上舊物底殘餘遺留在新物之內的事實無論自然界或社會中，到處的實際生活都指示給我們看了。馬克思並不是隨意把片塊的『資產階級式的權利』挪入到共產主義中去；他只不過指出在一個從資本主義底胎胞中所產下來的社會裏政治上和經濟上所必不可免的事實罷了。

在工人階級反對資本家而為自己解放的鬥爭中，民主制是有極偉大的意義的。但是民主制却決不是一個不可超越的界限；它只是從封建制度到資本主義和從資本主義到共產主義的發展過程中的階段之一。

民主制的意思就是平等。如果我們從消滅階級的意義上去正確的了解平等，則無產階級為平等和平等的口號而鬥爭，有何等重大的意義，是明顯的。但是民主制的意思，只是形式上的平等。所以在社會全體人員對於生產手段領有的平等獲得了之後，也就是說在勞動平等和工資平等獲得了之

後，在人類的面前，必然立刻會發生一個從形式上的平等到實際上平等的更進一步的問題，也就是說發生一個實現『各盡所能，各取所需』的原則問題。要經過怎樣的階段，應該用那些實際方法，人類才能夠達到這一個最高的目的——這些我們是不知道，而且也不能夠知道的。但有一點至關重要的，就是我們應該說明平常資產階級對於社會主義的無限止的撒謊，在他們看來，似乎社會主義是一種無生命的，殭死了的，萬古不變的東西。殊不知事實上卻祇有在社會主義時代，社會生活和個人生活各方面才開始發生迅速的、眞正的、確實是羣衆的前進，在這前進運動中，起初有大多數人民，繼則全體人民都來參加。

民主制是國家底形式——是國家的各種形態之一。因此，同一般的國家一樣，民主制也是對於人們的一種有組織、有系統的強力底使用。這是一方面。可是另一方面，民主制是在形式上承認一切公民的平等，承認一切公民都有平等的權利來決定國家的建設和管理。而這一點又與下面的情形有連帶關係的：在民主制發展底某個階段上，它使革命的階級——無產階級團結起來，以反抗資本主義，而且使它能夠去破壞和打碎，並且掃除一切資產階級的國家機關（就算它是共和政體的）：常備軍、警察和官僚；而代之以更民主的機關；可是這依然是國家機關，不過它是武裝的工人羣衆，這些羣衆由此過渡到爲全體人民參加的民警。

此地是『數量變爲質量』的：民主制發展到了這樣的階段時，它就跳出了資產階級社會底圈套，而開始它社會主義

的改造。假使眞正全體人民都來參加國家的管理，那末資本主義便不能支持下去了。而資本主義底發展又造成使眞正『全體人民』都能參加國家管理的先決條件。屬於這些先決條件的，是已經在許多最先進資本主義國中實現了的『人人皆識字』；其次由巨大的複雜的和已經社會化的機關、郵政、鐵路、大工廠、大商業銀行等等所造成的千百萬工人之『有訓練和有紀律』。

在這些經濟的先决條件之下，就完全有可能立刻在二十四小時以內，推翻資本家和官僚，而用武裝工人或武裝全民來代替他們從事於監督生產和分配，計算勞動和生產品（不要把監督和計算的問題與受過科學教育的工程師、農業學家等人員的問題混爲一談；這些先生們今天受資本家底支配而工作，可是明天他們將受武裝工人的支配而更好地工作）。

計算和監督，——這是爲『佈置』和使共產主義社會第一階段得正確動作所必需的主要辦法。在這裏一切公民都變成國家——武裝工人——底僱員了。一切公民都變成一個全民的、國家的『新迪卡』底僱員和工人了。全部事情就在使他們都做平等的工作，正確地遵守工作底標準，而得到同等的報酬。計算和監督這種事情，已經在資本主義社會中達到了絕端簡單化的地步，簡直變成了檢查、登記和發出、接收異常簡單的手續，這種工作只要識字和懂得加減乘除的人，都能夠担任的。⑪

⑪當國家大部份的職務，都簡單化爲由工人自己來

當大多數人民到處起來親自實行這種計算並監督資本家（那時他們已經變爲服務人員了）和知識份子先生們（這些先生們還保留着資本主義的習氣）的時候，那時這種監督就眞正成爲普遍的、一般的和全民的了，那時誰也逃不掉這種監督了，人們將『無所隱避』了。

整個的社會將成爲一個辦事處和一個工廠，大家都同等勞動，獲得同等工資。

但是這個『工廠』的紀律，無產階級在征服了資本家和推翻了剝削者之後要擴充到全社會去的紀律，不是我們的理想，也不是我們的最後的目的，它只是爲要達到澈底肅淸社會上一切資本主義剝削底卑鄙與醜惡，和爲繼續向前進展所必需的一個階段而已。

當社會全體人員，或大部份的社會人員，自己學得了管理國家，自己把這個事務操在自己掌握之中，已經『佈置了』對於極少數的資本家的監督，對於願意擁護資本主義的惡習的先生們的監督，和對於被資本主義深深惡化了的工人們的監督的時候，——從那時候起，對於任何的管理的需要，就開始消失了。民主制愈是完備，則它變成廢物的日子便愈近。由武裝工人所組織的『國家』以及『從國家的原義上講已經不是國家』的『國家』，愈是民主化，則一切的國

幹這種計算和監督的時候，國家就不成爲『政治的國家』，那時『社會職務就由政治職務變爲簡單的管理職務了』。

家的開始衰亡也愈是迅速。

因爲當大家都學得管理，而且實際上將自動地管理社會生產，自動地實行監督那般寄生蟲，公子們，騙徒們，以及與這些相類似的『資本主義習俗底擁護者』的時候，——那時要違背這種全民的計算和監督，就必然變成異常困難，變成最罕見的例外了，這種違背必然會引起很快和很嚴厲的處罰（因爲武裝的工人都是從事實際生活的人，而不是感情用事的知識份子；他大概不讓任何人與自己開玩笑），這樣，使人用遵守社會生活底簡單的基本規則的必要，也將很快就成爲一種習慣了。

到了那時候，便將大開門戶，從共產主義社會底第一階段過渡到它的高級階段，而國家也就隨着完全衰亡下去。